만나서 반가워요.
저는 친구들과 함께 분수를 공부할
분수 요정이에요.
지금부터 이 책에 대해 소개해 줄게요!

책의 구성

1 단원 소개

공부할 내용을 미리 알 수 있어요.
건너뛰지 말고 꼭 읽어 보세요.

2 개념 익히기

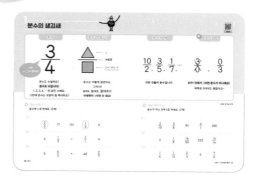

꼭 알아야 하는 개념을 알기 쉽게 설명했어요.
개념에 대해 알아보고, 개념을 익힐 수 있는
문제도 풀어 보세요.

4 개념 마무리

익히고, 다진 개념을 마무리하는 문제예요.
배운 개념을 마무리해 보세요.

5 단원 마무리

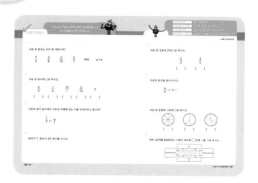

한 단원이 끝날 때,
얼마나 잘 이해했는지 8문제로
스스로를 체크해 보세요.

이런 순서로
공부하게 될 거예요.

3 개념 다지기

익힌 개념을 친구의 것으로 만들기 위해서는
문제를 풀어봐야 해요.
문제로 개념을 꼼꼼히 다져 보세요.

6 서술형으로 확인

배운 개념을 서술형 문제로 확인해 보세요.

7 쉬어가기

배운 내용과 관련된 퀴즈를 풀거나
다양한 읽을거리를 보면서 잠깐 쉬어가세요.

1. 이 책은 분수에 대한 책입니다. 분수를 배우기 전에 반드시 선행되어야 하는 곱셈구구와 간단한 나눗셈을 할 줄 아는 아이에게 적합한 책입니다.

    나눗셈을 처음 배울 때는 나머지를 그대로 두지요. 그러나 학년이 올라가면 소수점을 이용해서 나머지도 나눌 수 있다고 배웁니다. 이 책을 공부하는 데 있어서 필요한 나눗셈의 수준은 몫과 나머지를 찾을 수 있는 정도면 됩니다. 초등학교 3학년 과정에서 다루는 나눗셈을 할 수 있는 친구들이라면 이 책으로 분수를 공부하기에 적합할 것입니다.

2. 수학은 단순히 계산만 하는 산수가 아니라 논리적인 사고를 하는 활동입니다. 이 책을 통하여 분수라는 대상에 대해 논리적으로 사고하는 활동을 할 수 있게 해주세요. 수학에서 말하는 논리적 사고를 하기 위해서는 먼저 정의를 정확히 알아야 합니다. 수학의 모든 내용은 정의에서부터 출발합니다. 정의에서 성질도 나오고, 성질을 이용해서 계산도 할 수 있습니다. 그리고 때로는 기호를 가지고 복잡한 것을 대신 나타내기도 합니다. 수학은 약속의 학문이라는 것을 아이들에게 꼭 알려 주세요.

3. 이 책은 아이가 혼자서도 공부할 수 있도록 구성되어 있습니다. 그래서 문어체가 아닌 구어체를 주로 사용하고 있습니다. 먼저, 아이가 개념 부분을 공부할 때는 입 밖으로 소리 내서 읽을 수 있도록 지도해 주세요. 단순히 눈으로 보는 것에서 끝내지 않고 읽어가면서 공부한다면, 내용을 효과적으로 이해하고 좀 더 오래 기억할 수 있을 것입니다.

    또한 아이가 자신감을 갖고 문제를 풀 수 있도록 모든 문제 페이지의 첫 번째 문제는 정답을 제시했습니다. (단원 마무리, 서술형 문제는 제외)

약속해요~

공부를 시작하기 전에,
친구는 나랑 약속할 수 있나요?

1. 바르게 앉아서 공부합니다.

2. 꼼꼼히 읽고, 개념 설명은 소리내어 읽습니다.

3. 바른 글씨로 또박또박 씁니다.

4. 책을 소중히 다룹니다.

약속했으면 아래에 서명을 하고 지금부터 잘 따라오세요.

이름 : _____

차 례

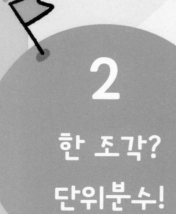

3
분수로 나타내 보자!

1
분수!
너 도대체
뭐야?

분수?

우리가 지금부터 살펴보려는 분수는 가 아닙니다.

수학에서 말하는 분수는 어떤 것인지, 지금부터 시작해 볼게요.

분수 시작!

1

분수의 생김새

분수	분수의 생김새

$$\frac{3}{4}$$

이런 가로선이 있어요!

분수도 수일까요?
분수도 수입니다!
1, 2, 3, 4, … 와 같은 수예요.
그런데 분수는 모양이 좀 특이하죠?

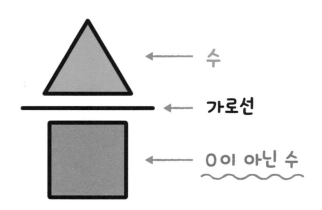

← 수
← **가로선**
← 0이 아닌 수

분수는 이렇게 생겼어요.
그러나!!
절대로, 절대로, 절대로!!!
아래쪽이 0이면 안 돼요!

▶ 개념 익히기 1

분수에 ○표 하세요. (2개)

01

$\boxed{\dfrac{2}{5}}$ 　　　 17 　　　 101 　　　 $\boxed{\dfrac{1}{3}}$ 　　　 0

02

3 　　　 $\dfrac{1}{2}$ 　　　 1 　　　 $\dfrac{2}{1}$ 　　　 가

03

5 　　　 $\dfrac{0}{5}$ 　　　 + 　　　 48 　　　 $\dfrac{2}{7}$

분수의 예

 주의점

$$\frac{10}{2}, \frac{3}{5}, \frac{1}{7}, \cdots$$

이런 것들이 분수입니다.

$$\frac{3}{0} , \frac{0}{3}$$

잠깐! 아래가 0이면 분수가 아니에요!

위쪽은 0이어도 괜찮아요~

 개념 익히기 2

▶ 정답 및 해설 **2**쪽

분수가 아닌 것에 X표 하세요. (2개)

01

$$\frac{2}{10} \qquad \frac{3}{8} \qquad \frac{9}{4} \qquad \frac{0}{1} \qquad \frac{100}{0}$$

02

$$2 \qquad \frac{1}{8} \qquad \frac{16}{50} \qquad 222 \qquad \frac{15}{14}$$

03

$$\frac{1}{4} \qquad \frac{1}{10} \qquad \frac{2}{3} \qquad 5 \qquad \frac{7}{0}$$

분수의 용어

분수를 쓰기 위해서는 세 가지가 꼭 필요해요.

1 가로선 위에 쓸 수

2 가로선

3 가로선 아래에 쓸 수

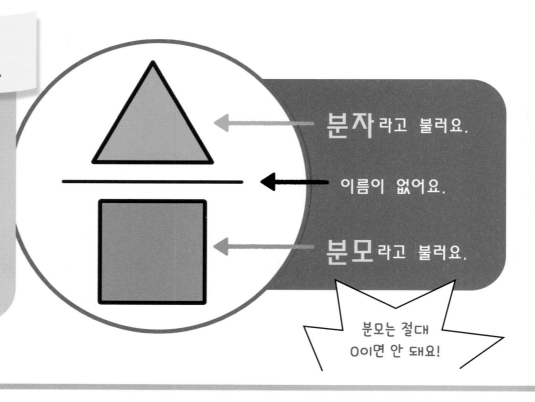

분자 라고 불러요.

이름이 없어요.

분모 라고 불러요.

분모는 절대 0이면 안 돼요!

▶ 개념 익히기 1

분모를 찾아, '분모'라고 말하면서 □표 하세요.

01

$\dfrac{2}{\boxed{5}}$　　$\dfrac{3}{\boxed{8}}$　　$\dfrac{2}{\boxed{4}}$　　$\dfrac{1}{\boxed{3}}$　　$\dfrac{0}{\boxed{7}}$

02

$\dfrac{3}{7}$　　$\dfrac{9}{2}$　　$\dfrac{4}{1}$　　$\dfrac{2}{15}$　　$\dfrac{3}{4}$

03

$\dfrac{5}{10}$　　$\dfrac{0}{5}$　　$\dfrac{9}{4}$　　$\dfrac{8}{3}$　　$\dfrac{4}{7}$

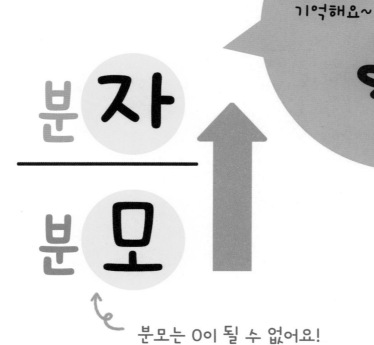

▶ 정답 및 해설 2쪽

▶ 개념 익히기 2

분자를 찾아, '분자'라고 말하면서 △표 하세요.

01

$\dfrac{\triangle{3}}{10}$ $\dfrac{\triangle{3}}{5}$ $\dfrac{\triangle{9}}{1}$ $\dfrac{\triangle{0}}{1}$ $\dfrac{\triangle{10}}{100}$

02

$\dfrac{2}{6}$ $\dfrac{1}{8}$ $\dfrac{25}{50}$ $\dfrac{10}{20}$ $\dfrac{15}{16}$

03

$\dfrac{1}{4}$ $\dfrac{1}{78}$ $\dfrac{2}{3}$ $\dfrac{5}{25}$ $\dfrac{2}{5}$

▶ 개념 다지기 1

☐와 △에 알맞은 수를 쓰세요.

01

$\dfrac{2}{10}$의 분모는 $\boxed{10}$ 입니다.

02

$\dfrac{9}{8}$의 분모는 $\boxed{}$ 입니다.

03

$\dfrac{1}{4}$의 분모는 $\boxed{}$ 입니다.

04

$\dfrac{5}{8}$의 분자는 △ 입니다.

05

$\dfrac{2}{10}$의 분자는 △ 입니다.

06

$\dfrac{5}{4}$의 분자는 △ 입니다.

▶ 개념 다지기 2

가리키는 것이 분모이면 '모', 분자이면 '자'를 빈칸에 쓰세요.

01

$\dfrac{2}{4}$ ← 자
← 모

02

$\dfrac{8}{5}$ ← ☐

03

$\dfrac{3}{6}$ ← ☐

04

$\dfrac{5}{7}$ ← ☐

05

$\dfrac{4}{8}$ ← ☐

06

$\dfrac{1}{10}$ ← ☐

개념 마무리 1

빈칸에 알맞은 수를 쓰세요.

01

$\dfrac{5}{10}$ 에서 분모는 $\boxed{10}$ 입니다.

02

$\dfrac{29}{358}$ 에서 분자는 $\boxed{}$ 입니다.

03

$\dfrac{15}{20}$ 에서 분모는 $\boxed{}$ 입니다.

04

$\dfrac{7}{8}$ 에서 분모는 $\boxed{}$ 입니다.

05

$\dfrac{42}{39}$ 에서 분자는 $\boxed{}$ 입니다.

06

$\dfrac{0}{3}$ 에서 분자는 $\boxed{}$ 입니다.

▶ 개념 마무리 2

빈칸에 알맞은 분수를 쓰세요.

01

분모가 9, 분자가 6인 분수 → $\dfrac{6}{9}$

02

분모가 5, 분자가 3인 분수 → □

03

분모가 10, 분자가 12인 분수 → □

04

분자가 8, 분모가 24인 분수 → □

05

분모가 7, 분자가 5인 분수 → □

06

분자가 8, 분모가 4인 분수 → □

3 분수 읽기

분수를 읽을 때는 반드시 **분모부터** 읽어야 해요!

그 다음에 **"분의"** 라는 말을 붙이고, 마지막으로 분자를 읽습니다.

분모부터 읽어요.

$\frac{1}{3}$

🔊 읽기

3분의 **1**

분모   분자

▶ 개념 익히기 1

분수를 읽으며 빈칸에 알맞은 수를 쓰세요.

01

$\frac{2}{6}$ → ☐6☐ 분의 2

02

$\frac{5}{8}$ → ☐ 분의 5

03

$\frac{1}{4}$ → ☐ 분의 1

1814

분모와 분자를 한자로 써보면,
분모(分母)의 모(母)는 어머니라는 뜻이고
분자(分子)의 자(子)는 자녀, 자식이라는 뜻입니다.
엄마가 자식을 업고 있는 모양을 생각하면 됩니다.

분수에서 분모는 부모, 조상, 뿌리의 느낌이고
분자는 자녀, 자손, 후손의 느낌입니다.

그러니까 분수를 읽을 때에는
당연히 분모부터 읽어야겠죠!

※자(子)는 '아들'이라는 뜻이지만, 자녀나 자식을 가리키는 말로 쓰입니다.

분자

분모

예를 들면 분수는
우리 같은 거란다~

▶ 정답 및 해설 **4**쪽

▶ 개념 익히기 2

분수를 읽으며 빈칸에 알맞은 수를 쓰세요.

01

$\dfrac{8}{10}$ → 10분의 8

02

$\dfrac{15}{14}$ → 14분의 ☐

03

$\dfrac{0}{9}$ → 9분의 ☐

분수를 읽으며 빈칸에 알맞은 수를 쓰세요.

01

$\dfrac{16}{17}$ → 17분의 16

02

$\dfrac{7}{11}$ → 11분의 ☐

03

$\dfrac{4}{3}$ → ☐분의 4

04

$\dfrac{6}{5}$ → 5분의 ☐

05

$\dfrac{8}{12}$ → ☐분의 8

06

$\dfrac{25}{21}$ → ☐분의 25

▶ 개념 다지기 2

분수를 읽어 보세요.

01 ────────────────────────

$\dfrac{6}{23}$ → 23분의 6

02 ────────────────────────

$\dfrac{3}{8}$ →

03 ────────────────────────

$\dfrac{2}{7}$ →

04 ────────────────────────

$\dfrac{3}{5}$ →

05 ────────────────────────

$\dfrac{19}{20}$ →

06 ────────────────────────

$\dfrac{4}{13}$ →

▶ 개념 마무리 1

다음을 분수로 쓰세요.

01 ────────────────────────────

4분의 1 → $\dfrac{1}{4}$

02 ────────────────────────────

5분의 4 →

03 ────────────────────────────

8분의 0 →

04 ────────────────────────────

12분의 3 →

05 ────────────────────────────

18분의 6 →

06 ────────────────────────────

24분의 10 →

▶ 개념 마무리 2

빈칸에 알맞은 수를 쓰세요.

01

$$\frac{\boxed{13}}{25} \rightarrow \boxed{25} \text{분의 } 13$$

02

$$\frac{5}{\boxed{}} \rightarrow 7\text{분의 } \boxed{}$$

03

$$\frac{\boxed{}}{5} \rightarrow \boxed{}\text{분의 } 3$$

04

$$\frac{8}{\boxed{}} \rightarrow 4\text{분의 } \boxed{}$$

05

$$\frac{29}{\boxed{}} \rightarrow 12\text{분의 } \boxed{}$$

06

$$\frac{\boxed{}}{6} \rightarrow \boxed{}\text{분의 } 3$$

4 하나를 등분하기

어느 날, 엄마가 호떡을 3개 사오셨습니다.
그리고 동생과 사이좋게 나누어 먹으라고 하셨습니다.
호떡 3개를 어떻게 나누어야 할까요?

아하! 하나를 정확히 둘로 나누면 되겠지요.
이때 중요한 것은? 크기를 똑같이 나누는 것입니다.
똑같이 나누는 것, 이것이 분수의 시작입니다.

▶ 개념 익히기 1

그림을 보고 크기를 똑같이 나눈 것에 ○표 하세요.

01

(○) (   ) (   ) (   )

02

(   ) (   ) (   ) (   )

03

(   ) (   ) (   ) (   )

근데 여기서 중요한 게 하나 있어요~
바로, 똑같이 나눈다(등분한다)는 것입니다.

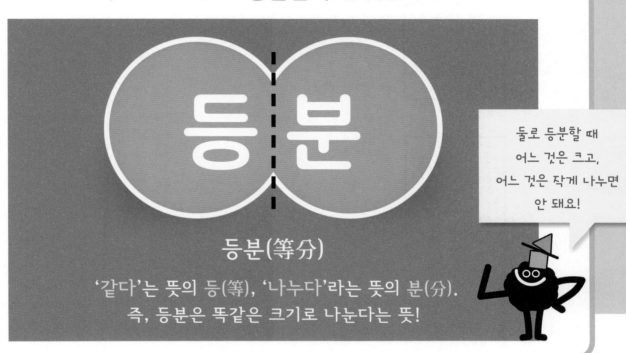

등분(等分)

'같다'는 뜻의 등(等), '나누다'라는 뜻의 분(分).
즉, 등분은 똑같은 크기로 나눈다는 뜻!

둘로 등분할 때
어느 것은 크고,
어느 것은 작게 나누면
안 돼요!

▶ 정답 및 해설 5쪽

▶ 개념 익히기 2

그림을 보고 등분한 것에 ○표, 그렇지 않은 것에 ×표 하세요. (○표 2개, ×표 2개)

01

(×) (○) (○) (×)

02

( ) ( ) ( ) ( )

03

( ) ( ) ( ) ( )

12로 등분된 그림에 ○표, 그렇지 않은 것에 ×표 하세요.

01

(○)

02

( )

03

( )

04

( )

05

( )

06

( )

▶ 개념 다지기 2

그림을 주어진 수로 등분하세요.

01

3등분 →

02

8등분 →

03

4등분 →

04

6등분 →

05

10등분 →

06

9등분 →

등분한 것에는 등분한 수를 쓰고, 등분하지 않은 것에는 ×표 하세요.

01

(×)   (4)

02

(   )   (   )

03

(   )   (   )

04

(   )   (   )

05

(   )   (   )

06

(   )   (   )

▶ 개념 마무리 2

관계있는 것끼리 선으로 이으세요.

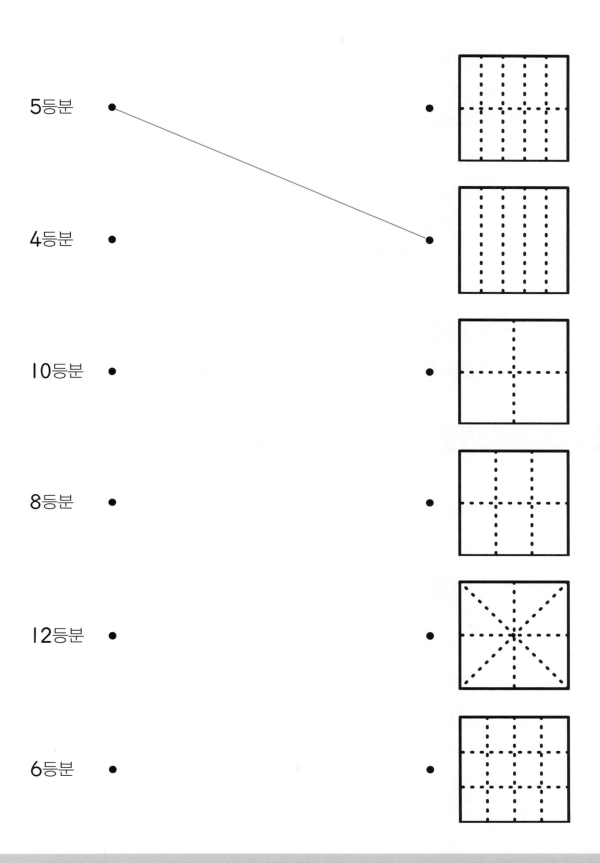

5등분

4등분

10등분

8등분

12등분

6등분

5 여러 개를 등분하기

분수는 어떤 것 하나만을 등분해야 하는 것은 아닙니다.
하나를 둘로 등분할 수도 있고, 열을 둘로 등분할 수도 있어요.
중요한 것은, **똑같이 나누는 것**입니다.

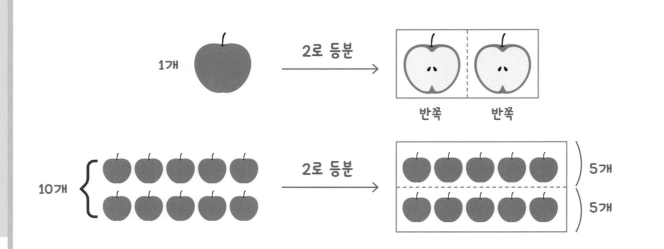

▶ 개념 익히기 1

등분한 것에 ○표 하세요.

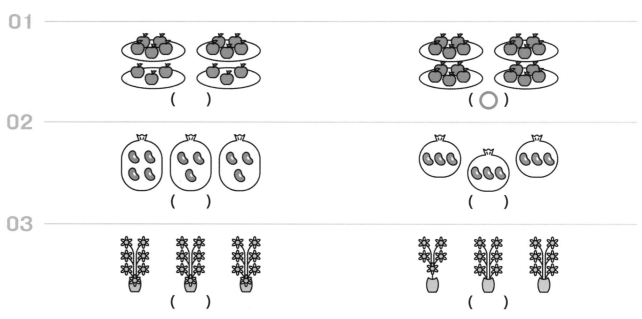

여러 개를 등분하면
각각의 개수가 똑같습니다.

예를 들어, 검은 바둑돌 12개를 등분하면 이렇게 되겠죠. ^_^

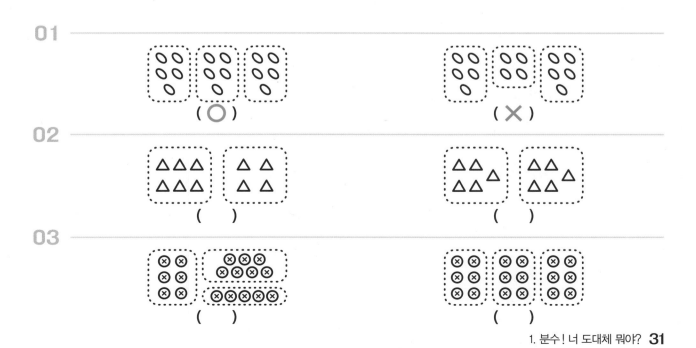

12로 등분   6으로 등분   4로 등분

3으로 등분   2로 등분   1로 등분

하나를 등분하든,
여러 개를 등분하든,
등분은
똑같이 나누는 거예요.

▶ 정답 및 해설 7쪽

▶ 개념 익히기 2

등분한 그림에 ○표, 그렇지 않으면 ×표 하세요.

01
(○)   (×)

02
( )   ( )

03
( )   ( )

검은 바둑돌 24개를 오른쪽 그림에 알맞게 그려 보세요.

01

12로 등분 →

02

24로 등분 →

03

4로 등분 →

04

3으로 등분 →

05

2로 등분 →

06

6으로 등분 →

▶ 개념 다지기 2

내용에 맞게 그림을 완성하세요.

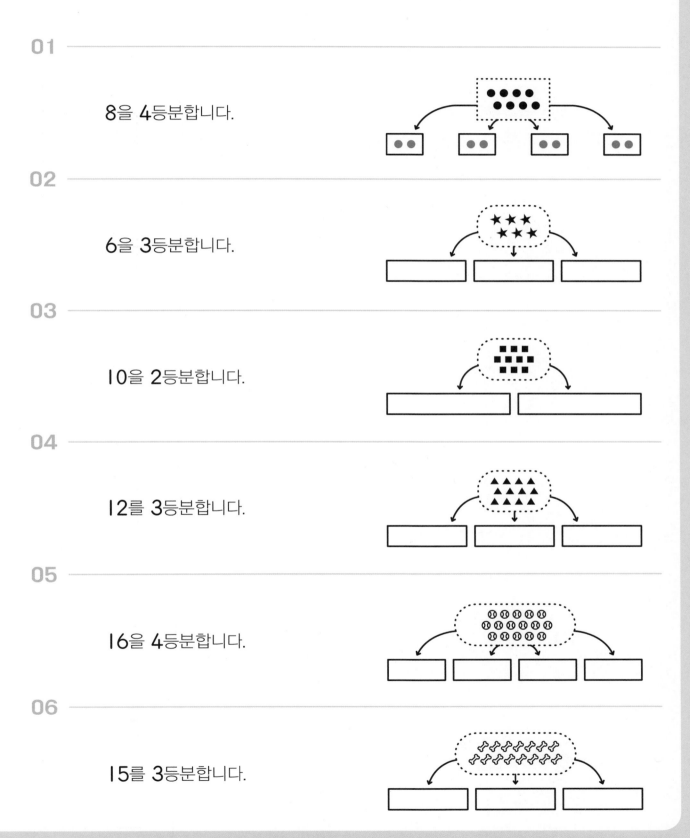

01

8을 4등분합니다.

02

6을 3등분합니다.

03

10을 2등분합니다.

04

12를 3등분합니다.

05

16을 4등분합니다.

06

15를 3등분합니다.

▶ 개념 마무리 1

내용에 맞게 그림을 묶어 보세요.

01

36을 4등분합니다.

02

15를 5등분합니다.

03

14를 7등분합니다.

04

18을 3등분합니다.

05

20을 5등분합니다.

06

30을 6등분합니다.

▶ 개념 마무리 2

그림을 보고 옳은 설명에 ○표 하세요.

01

- 6을 3등분합니다. (○)
- 6을 6등분합니다. (   )

02

- 15를 3등분합니다. (   )
- 15를 6등분합니다. (   )

03

- 1을 4등분합니다. (   )
- 4를 4등분합니다. (   )

04

- 3을 4등분합니다. (   )
- 12를 4등분합니다. (   )

05

- 3을 3등분합니다. (   )
- 9를 3등분합니다. (   )

06

- 8을 4등분합니다. (   )
- 8을 5등분합니다. (   )

✓ **단원 마무리**

1

다음 중 분수는 모두 몇 개입니까?

$$\frac{7}{2} \qquad \frac{3}{8} \qquad \frac{2}{10} \qquad \frac{0}{7} \qquad 버섯 \qquad a+b$$

2

다음 중 분수에 ○표 하시오.

$$\frac{4}{5} \qquad \frac{1}{0} \qquad \frac{10}{1} \qquad \frac{2}{10} \qquad 0$$

(   ) (   ) (   ) (   ) (   )

3

다음과 같이 분수에서 가로선 아래에 있는 수를 무엇이라고 합니까?

$$\frac{1}{3} \leftarrow ?$$

4

분자가 7, 분모가 3인 분수를 쓰시오.

맞은 개수 8개	매우 잘했어요.
맞은 개수 6~7개	실수한 문제를 확인하세요.
맞은 개수 5개	틀린 문제를 2번씩 풀어 보세요.
맞은 개수 1~4개	앞부분의 내용을 다시 한번 확인하세요.

▶ 정답 및 해설 8쪽

5

다음 중 '2분의 3'에 ○표 하시오.

$$\frac{2}{3} \qquad \frac{3}{2}$$

(   )   (   )

6

다음의 분수를 읽어 보시오.

$\frac{4}{5}$ → 읽기 :

7

다음 중 등분한 그림에 ○표 하시오.

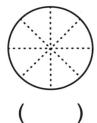   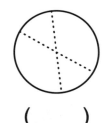

(   )   (   )   (   )

8

하트 32개를 8등분하는 그림이 되도록 ▢ 안에 ♥를 그려 보시오.

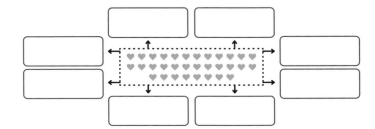

서술형으로 확인

▶ 정답 및 해설 31쪽

1 분모와 분자가 무엇인지 설명하고, 분모를 쓸 때 주의할 점 한 가지를 쓰세요.
(힌트 12쪽)

2 '등분'의 뜻을 설명해 보세요. (힌트 25쪽)

3 여러 개를 등분하는 방법을 설명해 보세요. (힌트 31쪽)

잠깐! 서술형으로 쓰기 어려워? 그럼 앞에서 배운 걸 떠올려 봐! 앞에서 찾아보고 적어도 좋아!

이렇게 생긴 수는?

엄마!
말타기 놀이해요.
엄마가 아래에 있고
아들이 위에 있는
신나는 놀이예요.

그럼,
엄마가 아래에 있고
아들이 위에 있는 수를
뭐라고 할까?

?

수곰 **分수**

2

한 조각?
단위분수!

우리가 실생활에서 자주 사용하는 단위

· 길이의 단위 – 센티미터(cm), 미터(m), 킬로미터(km), …

· 화폐의 단위 – 원(₩), 달러($), …

· 시간의 단위 – 분, 시간, …

· 무게의 단위 – 킬로그램(kg), 그램(g), …

이처럼, 단위는 양의 많고 적음을 세는 기준입니다.

예를 들어, ◼의 무게를 1 g이라고 약속한다면,

◼◼의 무게는 2 g, ◼◼◼의 무게는 3 g이 되겠지요.

즉, '**단위**'라는 것은

많고 적음을 수치로 나타낼 때 기초가 되는

일정한 기준입니다.

1

단위분수

$\dfrac{1}{6}$  피자 한 판을 6조각으로 등분했습니다.

내가 2조각, 동생이 3조각을 먹고 한 조각이 남았습니다.

이렇게 6으로 등분한 것 중의 하나를 $\dfrac{1}{6}$이라고 쓰고,

단위분수라고 합니다.

➡ $\dfrac{1}{6}$은 6으로 등분한 것 중의 하나라는 뜻입니다.

단위분수란

■로 등분한 것 중의 1개

$$\dfrac{1}{\blacksquare}$$

▶ **개념 익히기 1**

그림을 보고 빈칸에 알맞은 단위분수를 쓰세요.

01

 색칠한 부분은 **8**로 등분한 것 중의 하나입니다. ➡ $\dfrac{1}{8}$

02

 색칠한 부분은 **2**로 등분한 것 중의 하나입니다. ➡

03

 색칠한 부분은 **4**로 등분한 것 중의 하나입니다. ➡

2로 등분한 것 중의 **1**을 $\dfrac{1}{2}$이라고 합니다.

3으로 등분한 것 중의 **1**을 $\dfrac{1}{3}$이라고 합니다.

4로 등분한 것 중의 **1**을 $\dfrac{1}{4}$이라고 합니다.

100으로 등분한 것 중의 **1**을 $\dfrac{1}{100}$이라고 합니다.

$\dfrac{1}{2}$, $\dfrac{1}{3}$, $\dfrac{1}{4}$, …… , $\dfrac{1}{100}$, …… 과 같은 분수를 **단위분수**라고 합니다.

▶ 정답 및 해설 9쪽

▶ 개념 익히기 2

단위분수를 나타낸 그림에 ○표 하고, ○표 한 그림을 단위분수로 쓰세요.

01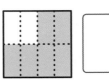

02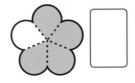

03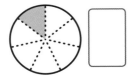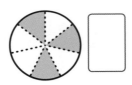

▶ 개념 다지기 1

그림을 보고 빈칸에 알맞은 수를 쓰세요.

01

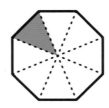

$\dfrac{1}{8}$ → 8 로 등분한 것 중의 1입니다.

02

$\dfrac{1}{5}$ → ⬜ 로 등분한 것 중의 1입니다.

03

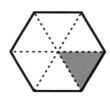

$\dfrac{1}{6}$ → ⬜ 으로 등분한 것 중의 1입니다.

04

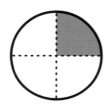

$\dfrac{1}{4}$ → 4로 등분한 것 중의 ⬜ 입니다.

05

$\dfrac{1}{8}$ → 8로 등분한 것 중의 ⬜ 입니다.

06

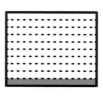

$\dfrac{1}{10}$ → ⬜ 으로 등분한 것 중의 ⬜ 입니다.

▶ 개념 다지기 2

단위분수를 알맞은 그림과 연결하세요.

그림을 보고 빈칸에 알맞은 단위분수를 쓰세요.

01 → $\dfrac{1}{4}$

02 →

03 →

04 →

05 →

06 →

▶ 개념 마무리 2

그림을 보고 단위분수와 그 뜻을 바르게 연결하세요.

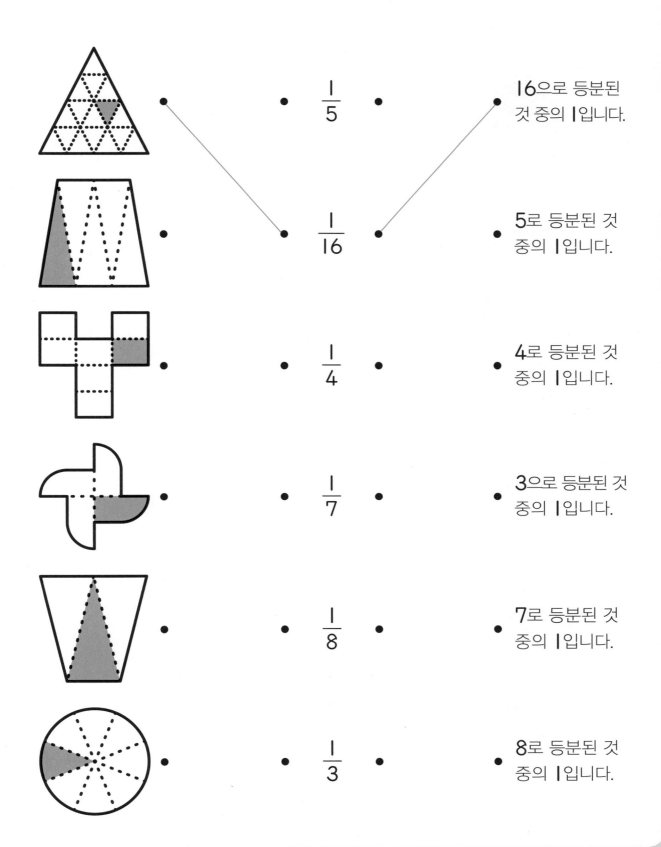

$\dfrac{1}{5}$ · · 16으로 등분된 것 중의 1입니다.

$\dfrac{1}{16}$ · · 5로 등분된 것 중의 1입니다.

$\dfrac{1}{4}$ · · 4로 등분된 것 중의 1입니다.

$\dfrac{1}{7}$ · · 3으로 등분된 것 중의 1입니다.

$\dfrac{1}{8}$ · · 7로 등분된 것 중의 1입니다.

$\dfrac{1}{3}$ · · 8로 등분된 것 중의 1입니다.

2 1과 단위분수

1 → 하나를 **4**로 등분 → $\frac{1}{4}$ $\frac{1}{4}$ $\frac{1}{4}$ $\frac{1}{4}$

1은 $\frac{1}{4}$이 **4개**입니다.

▶ 개념 익히기 1

그림을 보고 빈칸에 알맞은 수를 쓰세요.

01

$\frac{1}{4}$ $\frac{1}{4}$ $\frac{1}{4}$ $\frac{1}{4}$

하나를 **4**등분했습니다.

$\frac{1}{4}$은 4 로 등분한 것 중의 1개입니다.

02

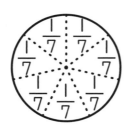

하나를 **7**등분했습니다.

$\frac{1}{7}$은 ☐ 로 등분한 것 중의 1개입니다.

03

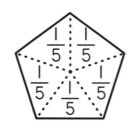

하나를 **5**등분했습니다.

$\frac{1}{5}$은 ☐ 로 등분한 것 중의 1개입니다.

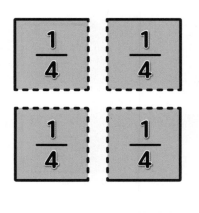

등분한 조각을 모으면
1이 됩니다.

$\dfrac{1}{4}$ 이 4개이면 1입니다.

▶ 개념 익히기 2

▶ 정답 및 해설 10쪽

그림과 같이 등분하였습니다. 빈칸에 알맞은 수를 쓰세요.

01

| $\frac{1}{8}$ | $\frac{1}{8}$ | $\frac{1}{8}$ | $\frac{1}{8}$ |
| $\frac{1}{8}$ | $\frac{1}{8}$ | $\frac{1}{8}$ | $\frac{1}{8}$ |

$\dfrac{1}{8}$ 은 $\boxed{8}$ 로 등분한 것 중의 1개입니다.

그래서 $\dfrac{1}{8}$ 이 8개이면 $\boxed{1}$ 입니다.

02

$\frac{1}{3}$ $\boxed{}$ $\frac{1}{3}$

$\dfrac{1}{3}$ 은 $\boxed{}$ 으로 등분한 것 중의 1개입니다.

그래서 $\dfrac{1}{3}$ 이 3개이면 $\boxed{}$ 입니다.

03

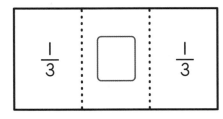

$\dfrac{1}{6}$ 은 $\boxed{}$ 으로 등분한 것 중의 1개입니다.

그래서 $\dfrac{1}{6}$ 이 6개이면 $\boxed{}$ 입니다.

그림을 보고 빈칸에 알맞은 수를 쓰세요.

01

$\dfrac{1}{5}$ 이 5 개이면 1 입니다.

02

□ 이 □ 개이면 1 입니다.

03

□ 이 2개이면 □ 입니다.

04

□ 이 8개이면 □ 입니다.

05

□ 이 □ 개이면 1 입니다.

06

□ 이 10개이면 □ 입니다.

▶ 개념 다지기 2

길이가 1인 선에 알맞은 수를 쓰세요.

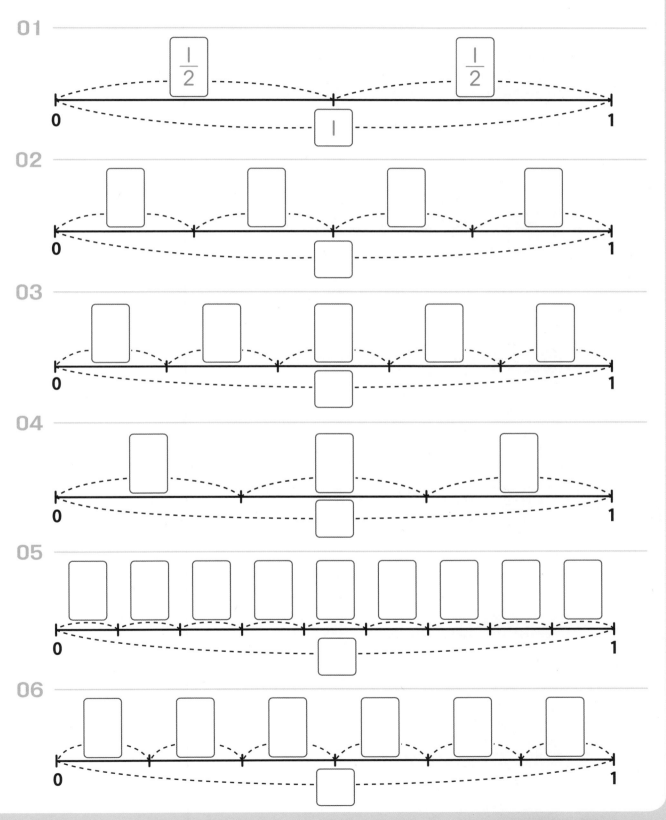

▶ 개념 마무리 1

단위분수와 1의 관계에 대한 설명입니다. 빈칸을 채우세요.

01
$\dfrac{1}{6}$ 은 1을 **6**으로 등분한 것 중의 1입니다.

그래서 $\dfrac{1}{6}$ 이 **6**개이면 1입니다.

02
☐ 은 1을 **12**로 등분한 것 중의 1입니다.

그래서 ☐ 이 **12**개이면 1입니다.

03
☐ 은 1을 **3**으로 등분한 것 중의 1입니다.

그래서 ☐ 이 **3**개이면 1입니다.

04
☐ 은 1을 **2**로 등분한 것 중의 1입니다.

그래서 ☐ 이 **2**개이면 1입니다.

05
$\dfrac{1}{4}$ 은 1을 ☐ 로 등분한 것 중의 1입니다.

그래서 $\dfrac{1}{4}$ 이 ☐ 개이면 1입니다.

06
$\dfrac{1}{8}$ 은 1을 ☐ 로 등분한 것 중의 1입니다.

그래서 $\dfrac{1}{8}$ 이 ☐ 개이면 1입니다.

▶ 개념 마무리 2

0에서부터 단위분수만큼 떨어진 곳에 점을 찍어 수직선에 표시하세요.

01

$\dfrac{1}{6}$

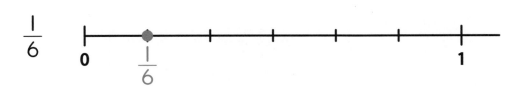

02

$\dfrac{1}{12}$

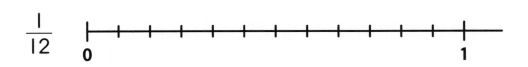

03

$\dfrac{1}{3}$

04

$\dfrac{1}{2}$

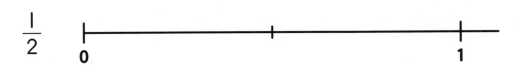

05

$\dfrac{1}{4}$

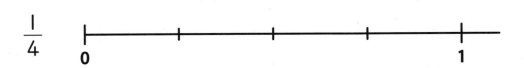

06

$\dfrac{1}{8}$

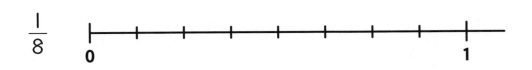

3 $\frac{1}{2}$로 표현하기

8의 $\frac{1}{2}$은 **4**입니다.

$\frac{1}{2}$이 **4**와 같다? 뭔가 정말 이상하죠? 그러나, 자세히 살펴보면…

1을 **2**로 등분한 것이 아니라,

8을 2로 등분한 것이지요.

즉, **8의 $\frac{1}{2}$** 이라고 써야 하고

8의 $\frac{1}{2}$은 4 와 같습니다.

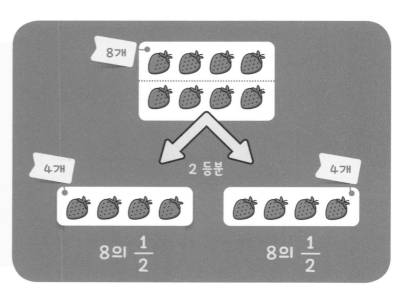

* 아무 말 없이 $\frac{1}{2}$이라고 하면, 1을 2로 등분한 것을 의미합니다.

▶ 개념 익히기 1

그림을 보고 빈칸에 알맞은 수를 쓰세요.

01

10의 $\frac{1}{2}$은 5 입니다. 5 는 10의 $\frac{1}{2}$입니다.

02

18의 $\frac{1}{2}$은 ☐ 입니다. ☐ 는 18의 $\frac{1}{2}$입니다.

03

12의 $\frac{1}{2}$은 ☐ 입니다. ☐ 은 12의 $\frac{1}{2}$입니다.

÷2 는 반, 절반

적도를 중심으로 지구를 둘로 나누었을 때
북쪽을 북반구, 남쪽을 남반구라고 합니다.

북반구

남반구

이처럼 $\frac{1}{2}$ 은 수학의 언어지만,
일상생활에서도 "반" 또는 "절반"이라는 말로 자주 사용합니다.

퀴즈? 우리 반 학생 **20**명의 $\frac{1}{2}$ 은 안경을 썼습니다.

안경을 쓴 학생은 몇 명일까요?

아하! 20의 $\frac{1}{2}$ 은 $20 ÷ 2$ 와 같아요.

➡ 따라서, 안경을 쓴 학생은 **10**명입니다.

▶ 정답 및 해설 **12**쪽

▶ 개념 익히기 2

그림을 보고 빈칸에 알맞은 수를 쓰세요.

01

4의 $\frac{1}{2}$ 은 $\boxed{2}$ 입니다. → $4 ÷ 2 = \boxed{2}$

02

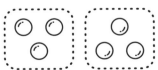

6의 $\frac{1}{2}$ 은 $\boxed{}$ 입니다. → $6 ÷ 2 = \boxed{}$

03

2의 $\frac{1}{2}$ 은 $\boxed{}$ 입니다. → $2 ÷ 2 = \boxed{}$

문장을 나눗셈식으로 쓰세요.

01 —————————————————————————————————

30의 $\frac{1}{2}$은 15입니다. → 식: 30÷2=15

02 —————————————————————————————————

16의 $\frac{1}{2}$은 8입니다. → 식:

03 —————————————————————————————————

10의 $\frac{1}{2}$은 5입니다. → 식:

04 —————————————————————————————————

24의 $\frac{1}{2}$은 12입니다. → 식:

05 —————————————————————————————————

18의 $\frac{1}{2}$은 9입니다. → 식:

06 —————————————————————————————————

32의 $\frac{1}{2}$은 16입니다. → 식:

▶ 개념 다지기 2

빈칸에 알맞은 수를 쓰세요.

01 ─────────────────────────────

20의 $\frac{1}{2}$은 $\boxed{10}$ 입니다.

02 ─────────────────────────────

6의 $\frac{1}{2}$은 $\boxed{}$ 입니다.

03 ─────────────────────────────

14의 $\frac{1}{2}$은 $\boxed{}$ 입니다.

04 ─────────────────────────────

50의 $\frac{1}{2}$은 $\boxed{}$ 입니다.

05 ─────────────────────────────

28의 $\frac{1}{2}$은 $\boxed{}$ 입니다.

06 ─────────────────────────────

22의 $\frac{1}{2}$은 $\boxed{}$ 입니다.

▶ 개념 마무리 1

빈칸에 알맞은 수를 쓰세요.

01

20의 $\boxed{\dfrac{1}{2}}$ 은 10입니다.

02

8의 $\boxed{}$ 은 4입니다.

03

18의 $\boxed{}$ 은 9입니다.

04

10의 $\dfrac{1}{2}$ 은 $\boxed{}$ 입니다.

05

30의 $\boxed{}$ 은 15입니다.

06

12의 $\dfrac{1}{2}$ 은 $\boxed{}$ 입니다.

▶ 개념 마무리 2

빈칸에 알맞은 수를 쓰세요.

01 ───────────────

$\boxed{15}$ 는 30의 $\dfrac{1}{2}$입니다.

02 ───────────────

$\boxed{}$ 은 100의 $\dfrac{1}{2}$입니다.

03 ───────────────

$\boxed{}$ 는 24의 $\dfrac{1}{2}$입니다.

04 ───────────────

$\boxed{}$ 은 14의 $\dfrac{1}{2}$입니다.

05 ───────────────

40의 $\dfrac{1}{2}$은 $\boxed{}$입니다.

06 ───────────────

42의 $\dfrac{1}{2}$은 $\boxed{}$입니다.

4 $\frac{1}{3}$로 표현하기

퀴즈 ?

9의 $\frac{1}{3}$은 얼마일까요?

아하 !

① 먼저, 9를 3으로 등분하세요! ➡ ② 그중의 한 묶음이 $\frac{1}{3}$입니다.

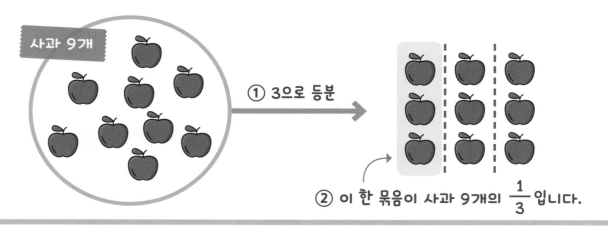

사과 9개

① 3으로 등분

② 이 한 묶음이 사과 9개의 $\frac{1}{3}$입니다.

▶ 개념 익히기 1

그림을 보고 빈칸에 알맞은 수를 쓰세요.

01

씨앗 27개 →3으로 등분→ 씨앗 $\boxed{9}$개 씨앗 $\boxed{9}$개 씨앗 $\boxed{9}$개

27의 $\frac{1}{3}$은 $\boxed{9}$입니다.

02

하트 6개 →3으로 등분→ 하트 $\boxed{}$개 하트 $\boxed{}$개 하트 $\boxed{}$개

6의 $\frac{1}{3}$은 $\boxed{}$입니다.

03

상자 15개 →3으로 등분→ 상자 $\boxed{}$개 상자 $\boxed{}$개 상자 $\boxed{}$개

15의 $\frac{1}{3}$은 $\boxed{}$입니다.

따라서, 9의 $\frac{1}{3}$ 은 3입니다.

수학에서 "="을 뜻해요.

→ $\left(9의 \frac{1}{3}\right) = 3$ 9 ÷ 3 해서 얻은 결과

식에서 글자를 쓰려면 **괄호**를 해주어야 해요!

→ $\left(9의 \frac{1}{3}\right) = 9 ÷ 3$

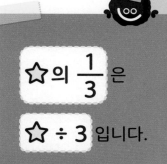

☆의 $\frac{1}{3}$ 은

☆ ÷ 3 입니다.

▶ **개념 익히기 2**

( )와 =를 이용하여 식으로 쓰세요.

▶ 정답 및 해설 13쪽

01 ————

18의 $\frac{1}{3}$ 은 6입니다. → $\left(18의 \frac{1}{3}\right) = 6$

02 ————

12의 $\frac{1}{3}$ 은 4입니다. →

03 ————

3의 $\frac{1}{3}$ 은 1입니다. →

문장을 식으로 쓰세요.

01 ————————————————————————

30의 $\dfrac{1}{3}$은 $30 \div 3$입니다. ➡ $\left(30\text{의 }\dfrac{1}{3}\right) = 30 \div 3$

02 ————————————————————————

15의 $\dfrac{1}{3}$은 $15 \div 3$입니다. ➡

03 ————————————————————————

24의 $\dfrac{1}{3}$은 $24 \div 3$입니다. ➡

04 ————————————————————————

18의 $\dfrac{1}{3}$은 $18 \div 3$입니다. ➡

05 ————————————————————————

9의 $\dfrac{1}{3}$은 $9 \div 3$입니다. ➡

06 ————————————————————————

6의 $\dfrac{1}{3}$은 $6 \div 3$입니다. ➡

▶ 개념 다지기 2

빈칸에 알맞은 수를 쓰세요.

01

21의 $\dfrac{1}{3}$은 $\boxed{7}$ 입니다.

02

24의 $\dfrac{1}{3}$은 $\boxed{}$ 입니다.

03

63의 $\dfrac{1}{3}$은 $\boxed{}$ 입니다.

04

90의 $\dfrac{1}{3}$은 $\boxed{}$ 입니다.

05

15의 $\dfrac{1}{3}$은 $\boxed{}$ 입니다.

06

60의 $\dfrac{1}{3}$은 $\boxed{}$ 입니다.

같은 것끼리 연결하세요.

30의 $\frac{1}{3}$ •   • 27 ÷ 3 •   • 9

63의 $\frac{1}{3}$ •   • 63 ÷ 3 •   • 21

27의 $\frac{1}{3}$ •   • 30 ÷ 3 •———————• 10

21의 $\frac{1}{3}$ •   • 21 ÷ 3 •   • 11

54의 $\frac{1}{3}$ •   • 33 ÷ 3 •   • 7

33의 $\frac{1}{3}$ •   • 54 ÷ 3 •   • 18

▶ 개념 마무리 2

빈칸에 알맞은 수를 쓰세요.

01

39의 $\dfrac{1}{3}$은 $\boxed{13}$ 입니다.

02

$\boxed{}$의 $\dfrac{1}{3}$은 10입니다.

03

18의 $\dfrac{1}{3}$은 $\boxed{}$입니다.

04

$\boxed{}$의 $\dfrac{1}{3}$은 4입니다.

05

$\boxed{}$는 15의 $\dfrac{1}{3}$입니다.

06

7은 $\boxed{}$의 $\dfrac{1}{3}$입니다.

5 $\frac{1}{4}$로 표현하기

퀴즈 ?
20의 $\frac{1}{4}$은 얼마일까요?

아하 !

① 먼저, 20을 4로 등분하세요!   ② 그중의 한 묶음이 $\frac{1}{4}$입니다.

별사탕 20개

② 이 한 묶음이 별사탕 20개의 $\frac{1}{4}$입니다.

① 4로 등분

▶ 개념 익히기 1

그림을 보고 빈칸에 알맞은 수를 쓰세요.

01

8개 → 4로 등분 → 2개 : 2개 : 2개 : 2개

8의 $\frac{1}{4}$은 2 입니다. 2 는 8의 $\frac{1}{4}$입니다.

02

12개 → 4로 등분 → ☐개 : ☐개 : ☐개 : ☐개

12의 $\frac{1}{4}$은 ☐ 입니다. ☐ 은 12의 $\frac{1}{4}$입니다.

03

16개 → 4로 등분 → ☐개 : ☐개 : ☐개 : ☐개

16의 $\frac{1}{4}$은 ☐ 입니다. ☐ 는 16의 $\frac{1}{4}$입니다.

20의 $\dfrac{1}{4}$은 5입니다.

"~의"는 한 덩어리를 뜻해요.
마치 마트에서 묶음 판매하는 것처럼요.

여기서 20의 $\dfrac{1}{4}$은 한 덩어리입니다. 그러니까 괄호로 묶어주어야 해요!

$\left(20$의 $\dfrac{1}{4} \right)$

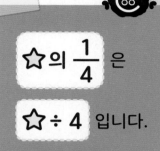

☆의 $\dfrac{1}{4}$ 은

☆ ÷ 4 입니다.

따라서 $\left(20$의 $\dfrac{1}{4} \right) = 5$

20을 4로 나눈 것 중의
하나이므로 $20 \div 4$ 입니다.

▶ **개념 익히기 2**

▶ 정답 및 해설 **15**쪽

괄호로 묶어야 할 부분에 밑줄을 긋고, 괄호로 묶어서 쓰세요.

01 ———————————————————————————————————

우리 반 <u>32명의 $\dfrac{1}{4}$</u>은 축구를 좋아합니다. → $\left(32$명의 $\dfrac{1}{4} \right)$

02 ———————————————————————————————————

사과 40개의 $\dfrac{1}{4}$은 덜 익었습니다. →

03 ———————————————————————————————————

펜 8자루의 $\dfrac{1}{4}$은 붉은색입니다. →

▶ 개념 다지기 1

다음을 나눗셈식으로 쓰세요.

01 ─────────────────────────────

☆의 $\dfrac{1}{4}$ ➡ ☆$\div 4$

02 ─────────────────────────────

♡의 $\dfrac{1}{4}$ ➡

03 ─────────────────────────────

◇의 $\dfrac{1}{4}$ ➡

04 ─────────────────────────────

▲의 $\dfrac{1}{4}$ ➡

05 ─────────────────────────────

★의 $\dfrac{1}{4}$ ➡

06 ─────────────────────────────

◑의 $\dfrac{1}{4}$ ➡

▶ 개념 다지기 2

문장을 식으로 쓰세요.

01 ─────────────────────────────

28의 $\dfrac{1}{4}$은 $28 \div 4$와 같습니다. → $\left(28\text{의 } \dfrac{1}{4}\right) = 28 \div 4$

02 ─────────────────────────────

24의 $\dfrac{1}{4}$은 $24 \div 4$와 같습니다. →

03 ─────────────────────────────

12의 $\dfrac{1}{4}$은 $12 \div 4$와 같습니다. →

04 ─────────────────────────────

8의 $\dfrac{1}{4}$은 $8 \div 4$와 같습니다. →

05 ─────────────────────────────

16의 $\dfrac{1}{4}$은 $16 \div 4$와 같습니다. →

06 ─────────────────────────────

40의 $\dfrac{1}{4}$은 $40 \div 4$와 같습니다. →

▶ 개념 마무리 1

같은 것끼리 연결하세요.

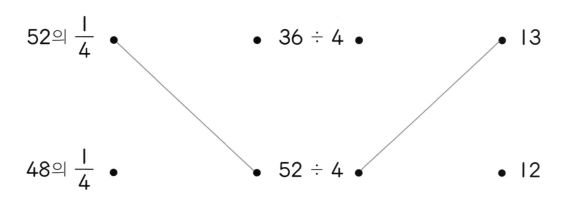

52의 $\dfrac{1}{4}$ •   • $36 \div 4$ •   • 13

48의 $\dfrac{1}{4}$ •   • $52 \div 4$ •   • 12

36의 $\dfrac{1}{4}$ •   • $48 \div 4$ •   • 9

28의 $\dfrac{1}{4}$ •   • $28 \div 4$ •   • 7

44의 $\dfrac{1}{4}$ •   • $44 \div 4$ •   • 8

32의 $\dfrac{1}{4}$ •   • $32 \div 4$ •   • 11

▶ 개념 마무리 2

빈칸에 알맞은 수를 쓰세요.

01

40의 $\dfrac{1}{4}$은 $\boxed{10}$ 입니다.

02

24의 $\dfrac{1}{4}$은 $\boxed{}$ 입니다.

03

12의 $\dfrac{1}{4}$은 $\boxed{}$ 입니다.

04

16의 $\dfrac{1}{4}$은 $\boxed{}$ 입니다.

05

20의 $\dfrac{1}{4}$은 $\boxed{}$ 입니다.

06

80의 $\dfrac{1}{4}$은 $\boxed{}$ 입니다.

6 단위분수로 표현하기

24 의 $\dfrac{1}{2}$ 은 24 ÷ 2 를 계산한 12입니다.

24 의 $\dfrac{1}{3}$ 은 24 ÷ 3 을 계산한 8입니다.

24 의 $\dfrac{1}{4}$ 은 24 ÷ 4 를 계산한 6입니다.

퀴즈?

그렇다면 24의 $\dfrac{1}{6}$ 은 어떻게 계산할까요?

아마도, 24 ÷ 6을 계산하면 될 것 같은데...

아하!

맞아요! 24 의 $\dfrac{1}{6}$ 은 24 ÷ 6 과 같습니다.

의미: 24를 6으로 등분한 것 중의 한 묶음

▶ **개념 익히기 1**

다음을 나눗셈식으로 쓰세요.

01 ───────────────────────────────

30의 $\dfrac{1}{5}$ → 30 ÷ 5

02 ───────────────────────────────

28의 $\dfrac{1}{7}$ →

03 ───────────────────────────────

32의 $\dfrac{1}{4}$ →

☆의 $\dfrac{1}{2}$ ➡ ☆ ÷ 2

☆의 $\dfrac{1}{3}$ ➡ ☆ ÷ 3

☆의 $\dfrac{1}{4}$ ➡ ☆ ÷ 4

☆의 $\dfrac{1}{5}$ ➡ ☆ ÷ 5

⋮ ⋮

☆의 $\dfrac{1}{\blacksquare}$ ➡ ☆ ÷ ■

☆ 의 $\dfrac{1}{\square}$ 은

☆ ÷ $\square$ 입니다.

▶ 정답 및 해설 **16**쪽

▶ 개념 익히기 2

다음을 나눗셈식으로 쓰세요.

01 ─────────

☆의 $\dfrac{1}{10}$ ➡ ☆ ÷ 10

02 ─────────

◇의 $\dfrac{1}{8}$ ➡

03 ─────────

⊙의 $\dfrac{1}{6}$ ➡

빈칸에 알맞은 수를 쓰세요.

01

14의 $\dfrac{1}{7}$ 은 $14 \div \boxed{7}$ 입니다.

02

50의 $\dfrac{1}{5}$ 은 $50 \div \boxed{}$ 입니다.

03

54의 $\dfrac{1}{6}$ 은 $54 \div \boxed{}$ 입니다.

04

72의 $\dfrac{1}{9}$ 은 $72 \div \boxed{}$ 입니다.

05

16의 $\dfrac{1}{8}$ 은 $16 \div \boxed{}$ 입니다.

06

100의 $\dfrac{1}{50}$ 은 $100 \div \boxed{}$ 입니다.

▶ 개념 다지기 2

나눗셈식을 분수를 이용한 표현으로 쓰세요.

01

$18 \div 6 \;\rightarrow\; 18$의 $\dfrac{1}{6}$

02

$35 \div 7 \;\rightarrow$

03

$40 \div 5 \;\rightarrow$

04

$63 \div 9 \;\rightarrow$

05

$80 \div 10 \;\rightarrow$

06

$60 \div 12 \;\rightarrow$

▶ 개념 마무리 1

빈칸에 알맞은 수를 쓰세요.

01

$$\left(48의 \frac{1}{6}\right)은 \boxed{8} 입니다.$$
$$= 48 \div 6 \longrightarrow$$

02

$$\left(32의 \frac{1}{8}\right)은 \boxed{} 입니다.$$
$$= 32 \div 8 \longrightarrow$$

03

$$\left(20의 \frac{1}{5}\right)은 \boxed{} 입니다.$$
$$= 20 \div 5 \longrightarrow$$

04

$$\left(36의 \frac{1}{6}\right)은 \boxed{} 입니다.$$
$$= 36 \div 6 \longrightarrow$$

05

$$\left(35의 \frac{1}{5}\right)은 \boxed{} 입니다.$$
$$= 35 \div 5 \longrightarrow$$

06

$$\left(63의 \frac{1}{7}\right)은 \boxed{} 입니다.$$
$$= 63 \div 7 \longrightarrow$$

▶ 개념 마무리 2

빈칸에 알맞은 수를 쓰세요.

01

25의 $\dfrac{1}{5}$은 $\boxed{5}$ 입니다.

02

40의 $\dfrac{1}{8}$은 $\boxed{}$ 입니다.

03

42의 $\dfrac{1}{6}$은 $\boxed{}$ 입니다.

04

28의 $\dfrac{1}{4}$은 $\boxed{}$ 입니다.

05

56의 $\dfrac{1}{7}$은 $\boxed{}$ 입니다.

06

72의 $\dfrac{1}{9}$은 $\boxed{}$ 입니다.

7 단위분수의 크기 비교

퀴즈? 단위분수는 $\dfrac{1}{2}$, $\dfrac{1}{3}$, $\dfrac{1}{4}$, … 과 같이 분자가 **1**인 분수였죠.

따라서, 피자 한 판을 **2**로 등분한 것 중의 한 조각은 $\dfrac{1}{2}$ 이고,

피자 한 판을 **8**로 등분한 것 중의 한 조각은 $\dfrac{1}{8}$ 입니다.

그렇다면 $\dfrac{1}{2}$ 과 $\dfrac{1}{8}$ 중 더 큰 수는 무엇일까요?

아하! $\dfrac{1}{2}$ 이 더 크지요!

따라서, $\dfrac{1}{2} > \dfrac{1}{8}$ 입니다.

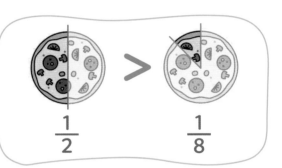

$\dfrac{1}{2}$ $\dfrac{1}{8}$

단위분수에서는 분모가 작을수록 **큰 수** 입니다!

▶ 개념 익히기 1

그림을 보고 단위분수의 크기를 비교하세요.

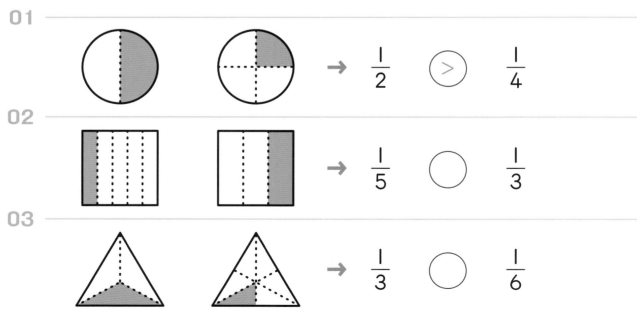

01   → $\dfrac{1}{2}$ ⟨ > ⟩ $\dfrac{1}{4}$

02   → $\dfrac{1}{5}$ ◯ $\dfrac{1}{3}$

03   → $\dfrac{1}{3}$ ◯ $\dfrac{1}{6}$

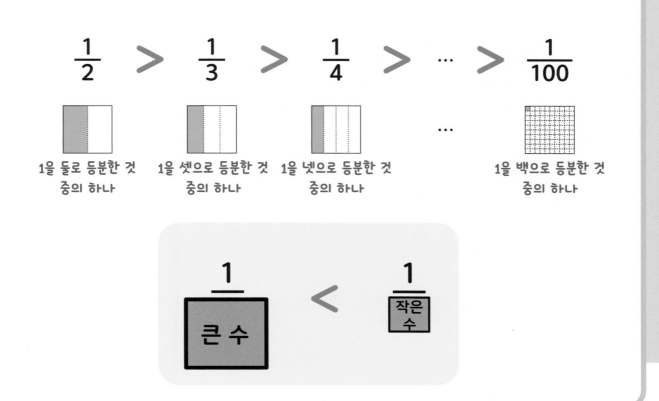

$$\frac{1}{2} > \frac{1}{3} > \frac{1}{4} > \cdots > \frac{1}{100}$$

1을 둘로 등분한 것 중의 하나

1을 셋으로 등분한 것 중의 하나

1을 넷으로 등분한 것 중의 하나

1을 백으로 등분한 것 중의 하나

$$\frac{1}{\boxed{큰 수}} < \frac{1}{\boxed{작은 수}}$$

▶ 정답 및 해설 18쪽

▶ 개념 익히기 2

그림에 맞는 단위분수를 쓰고, 크기를 비교하세요.

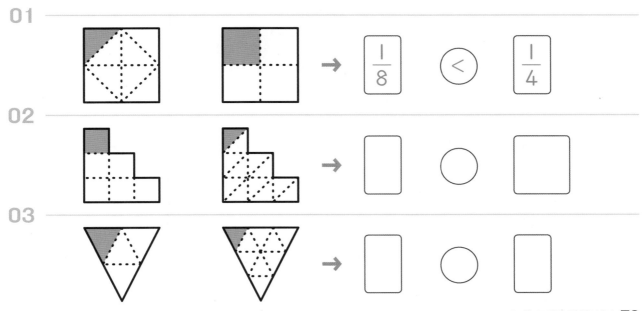

01 $\dfrac{1}{8}$ $\bigcirc<$ $\dfrac{1}{4}$

02 ☐ ◯ ☐

03 ☐ ◯ ☐

▶ 개념 다지기 1

단위분수의 크기를 비교하세요.

01
$$\frac{1}{5} \;\;<\;\; \frac{1}{4}$$

02
$$\frac{1}{7} \;\;\bigcirc\;\; \frac{1}{3}$$

03
$$\frac{1}{8} \;\;\bigcirc\;\; \frac{1}{10}$$

04
$$\frac{1}{15} \;\;\bigcirc\;\; \frac{1}{25}$$

05
$$\frac{1}{5} \;\;\bigcirc\;\; \frac{1}{6}$$

06
$$\frac{1}{11} \;\;\bigcirc\;\; \frac{1}{13}$$

▶ **개념 다지기 2**

다음 중 가장 큰 수에 □표, 가장 작은 수에 △표 하세요.

01

 $\dfrac{1}{4}$ $\dfrac{1}{16}$ $\dfrac{1}{10}$ $\dfrac{1}{5}$ $\dfrac{1}{20}$

02

$\dfrac{1}{24}$ $\dfrac{1}{5}$ $\dfrac{1}{8}$ $\dfrac{1}{9}$ $\dfrac{1}{7}$

03

$\dfrac{1}{8}$ $\dfrac{1}{6}$ $\dfrac{1}{17}$ $\dfrac{1}{900}$ $\dfrac{1}{15}$

04

$\dfrac{1}{29}$ $\dfrac{1}{10}$ $\dfrac{1}{16}$ $\dfrac{1}{2}$ $\dfrac{1}{3}$

05

$\dfrac{1}{20}$ $\dfrac{1}{5}$ $\dfrac{1}{11}$ $\dfrac{1}{6}$ $\dfrac{1}{3}$

06

$\dfrac{1}{33}$ $\dfrac{1}{12}$ $\dfrac{1}{11}$ $\dfrac{1}{13}$ $\dfrac{1}{63}$

▶ **개념 마무리 1**

? 안에 들어갈 수 있는 단위분수를 모두 쓰세요.

01

$$\boxed{?} > \frac{1}{5} \quad \rightarrow \quad \boxed{?} = \frac{1}{4}, \frac{1}{3}, \frac{1}{2}$$

02

$$\boxed{?} > \frac{1}{9} \quad \rightarrow \quad \boxed{?} =$$

03

$$\boxed{?} > \frac{1}{4} \quad \rightarrow \quad \boxed{?} =$$

04

$$\frac{1}{6} < \boxed{?} < \frac{1}{3} \quad \rightarrow \quad \boxed{?} =$$

05

$$\frac{1}{8} < \boxed{?} < \frac{1}{2} \quad \rightarrow \quad \boxed{?} =$$

06

$$\frac{1}{10} < \boxed{?} < \frac{1}{7} \quad \rightarrow \quad \boxed{?} =$$

▶ 개념 마무리 2

물음에 답하세요.

01

크기가 큰 순서대로 쓰세요. $\dfrac{1}{5}$, $\dfrac{1}{8}$, $\dfrac{1}{24}$, $\dfrac{1}{28}$, $\dfrac{1}{42}$

$$\dfrac{1}{42} \qquad \dfrac{1}{5} \qquad \dfrac{1}{24} \qquad \dfrac{1}{28} \qquad \dfrac{1}{8}$$

02

크기가 작은 순서대로 쓰세요.

$$\dfrac{1}{2} \qquad \dfrac{1}{14} \qquad \dfrac{1}{11} \qquad \dfrac{1}{5} \qquad \dfrac{1}{6}$$

03

가장 큰 분수를 쓰세요.

$$\dfrac{1}{30} \qquad \dfrac{1}{2} \qquad \dfrac{1}{33} \qquad \dfrac{1}{300} \qquad \dfrac{1}{333}$$

04

가장 작은 분수를 쓰세요.

$$\dfrac{1}{11} \qquad \dfrac{1}{20} \qquad \dfrac{1}{21} \qquad \dfrac{1}{9} \qquad \dfrac{1}{16}$$

05

두 번째로 큰 분수를 쓰세요.

$$\dfrac{1}{5} \qquad \dfrac{1}{4} \qquad \dfrac{1}{50} \qquad \dfrac{1}{2} \qquad \dfrac{1}{8}$$

06

두 번째로 작은 분수를 쓰세요.

$$\dfrac{1}{7} \qquad \dfrac{1}{16} \qquad \dfrac{1}{11} \qquad \dfrac{1}{5} \qquad \dfrac{1}{10}$$

지금까지 단위분수에 대해 살펴보았습니다.
잘 이해했는지 확인해 봅시다.

1

다음 중 단위분수에 ○표 하시오.

$\dfrac{1}{3}$ $\dfrac{2}{7}$ $\dfrac{7}{9}$ $\dfrac{1}{8}$ $\dfrac{3}{6}$ $\dfrac{10}{100}$ $\dfrac{1}{100}$

2

사각형을 오른쪽과 같이 100으로 등분하였습니다.
이때 등분한 한 조각의 크기는 전체의 몇 분의 몇
입니까?

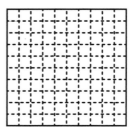

3

1을 5로 등분하였습니다. 이때 $\dfrac{1}{5}$이 몇 개 있어야 1이 됩니까?

4

12의 $\dfrac{1}{2}$은 얼마입니까?

5

다음 분수를 크기가 작은 순서대로 쓰시오.

$$\frac{1}{6} \qquad \frac{1}{13} \qquad \frac{1}{5} \qquad \frac{1}{9} \qquad \frac{1}{20} \qquad \frac{1}{2}$$

6

빈칸에 들어갈 수 있는 분수 중 가장 작은 단위분수는 무엇입니까?

$$\frac{1}{8} < \boxed{}$$

7

빈칸에 들어갈 수의 합은 얼마입니까?

㉠ 12의 $\frac{1}{6}$은 $\boxed{}$입니다.   ㉡ $\boxed{}$은 35의 $\frac{1}{5}$입니다.

8

빈칸에 알맞은 수를 쓰시오.

8은 $\boxed{}$의 $\frac{1}{4}$입니다.

서술형으로 확인

▶ 정답 및 해설 31쪽

1 $\dfrac{1}{3}$ 이 어떤 분수인지 설명해 보세요. (힌트 43쪽)

2 '단위분수'는 어떤 분수를 의미하는지 설명해 보세요. (힌트 43쪽)

3 단위분수끼리 크기를 비교하는 방법을 설명해 보세요. (힌트 78쪽)

 잠깐! 서술형으로 쓰기 어려워? 그럼 앞에서 배운 걸 떠올려 봐! 앞에서 찾아보고 적어도 좋아!

콩 한 쪽은 몇 명까지 나누어 먹을 수 있을까?

우리 속담 중에 "콩 한 쪽도 나누어 먹는다."는 말이 있지요. 작은 것 하나라도 함께 나누어 먹는다는 의미입니다. 자, 그렇다면 실제로 콩 한 쪽은 몇 명까지 나누어 먹을 수 있을까요?

둘이서 나누어 먹을 경우에는 콩을 둘로 나누면 되겠지요. 아무리 작아도 콩을 반으로 나누는 것 정도는 할 수 있을 것입니다. 자, 그렇다면 3명이라면? 콩을 셋으로 나누면 되겠지요. 작은 콩이지만, 신중히 나눈다면 가능할 것입니다.

그렇다면 1000명이 있을 경우에는 어떨까요? 콩 하나를 1000으로 나누어야 할 텐데, 작은 콩을 1000개의 조각으로 나누다 보면 콩이 가루가 되겠죠. 하지만 머릿속에서는 충분히 가능합니다. 작은 것이라도 1000개로 나누면 되지요. 이것이 바로 수학의 세계인데요. 이럴 때 우리는 '원칙적'으로 가능하다고 합니다. 그러나 실제로 작은 콩을 1000개로 나누기란 매우 매우 어려운 일이에요. 실제로는 불가능하죠.

이렇게 실제로는 불가능하지만, 원칙적으로는 가능한 것들이 많이 있습니다. 수직선에 표시한 점 하나만 보더라도 실제로는 점이 아닌 검은색 원이지요. 물론 크기가 매우 작은 원이겠지만, 종이에 그리는 모든 점은 언제나 크기가 생깁니다. 그러나 수학에서 말하는 점은 크기는 없고 위치만 갖는 것이라고 정의하거든요. 실제로는 불가능하죠.

실제로는 불가능하지만, 원칙적으로 가능한 것들을 다루는 것이 바로 수학의 세계입니다. 수학의 세계에 온 친구들을 환영하고, 분수의 세계는 어떻게 끝이 날지, 끝까지 함께 해요~! ^0^

3
분수로
나타내 보자!

이제, 본격적으로 분수를 공부할 준비가 되었습니다!

분수라는 것이 어떠한 의미인지 지금부터 살펴볼게요~ ^0^

1

단위분수 확장하기

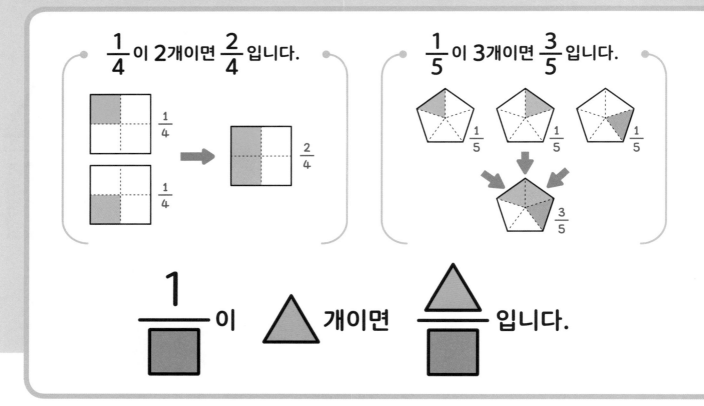

$\dfrac{1}{4}$ 이 2개이면 $\dfrac{2}{4}$ 입니다.

$\dfrac{1}{5}$ 이 3개이면 $\dfrac{3}{5}$ 입니다.

$\dfrac{1}{\boxed{}}$ 이 $\triangle$ 개이면 $\dfrac{\triangle}{\boxed{}}$ 입니다.

▶ 개념 익히기 1

그림을 보고 알맞게 색칠하고 빈칸을 채우세요.

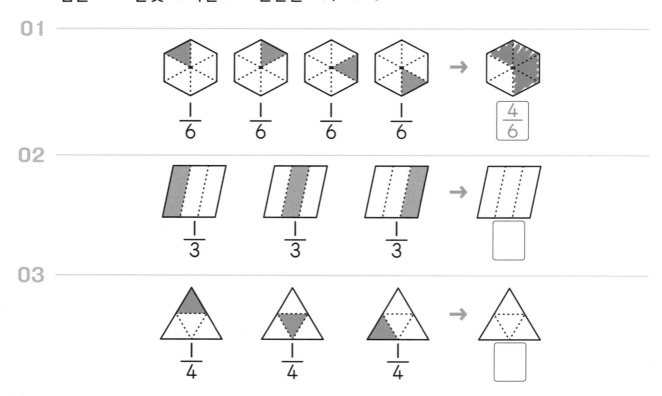

01

$\dfrac{1}{6}$ $\dfrac{1}{6}$ $\dfrac{1}{6}$ $\dfrac{1}{6}$ → $\dfrac{4}{6}$

02

$\dfrac{1}{3}$ $\dfrac{1}{3}$ $\dfrac{1}{3}$ →

03

$\dfrac{1}{4}$ $\dfrac{1}{4}$ $\dfrac{1}{4}$ →

$\frac{2}{4}$ 는 $\frac{1}{4}$ 이 **2**개입니다.

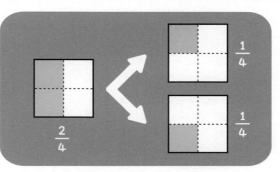

$\frac{3}{5}$ 은 $\frac{1}{5}$ 이 **3**개입니다.

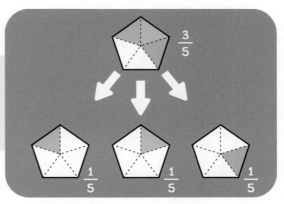

▶ 정답 및 해설 **20**쪽

▶ 개념 익히기 2

그림을 보고 빈칸에 알맞은 분수를 쓰세요.

01

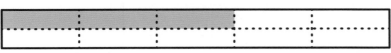

한 칸의 크기는 $\frac{1}{10}$ 입니다. 색칠한 부분은 $\frac{1}{10}$ 이 **3**개이므로 $\boxed{\frac{3}{10}}$ 입니다.

02

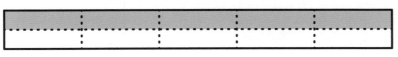

한 칸의 크기는 $\frac{1}{10}$ 입니다. 색칠한 부분은 $\frac{1}{10}$ 이 **5**개이므로 $\boxed{}$ 입니다.

03

한 칸의 크기는 $\frac{1}{10}$ 입니다. 색칠한 부분은 $\frac{1}{10}$ 이 **8**개이므로 $\boxed{}$ 입니다.

▶ 개념 다지기 1

그림을 보고 빈칸에 알맞은 수를 쓰세요.

01

  → $\dfrac{1}{9}$이 $\boxed{4}$ 개이면 $\boxed{\dfrac{4}{9}}$ 입니다.

02

  → $\dfrac{1}{8}$이 $\boxed{}$ 개이면 $\boxed{}$ 입니다.

03

  → $\dfrac{1}{6}$이 $\boxed{}$ 개이면 $\boxed{}$ 입니다.

04

  → $\dfrac{1}{5}$이 $\boxed{}$ 개이면 $\boxed{}$ 입니다.

05

  → $\dfrac{1}{4}$이 $\boxed{}$ 개이면 $\boxed{}$ 입니다.

06

  → $\dfrac{1}{10}$이 $\boxed{}$ 개이면 $\boxed{}$ 입니다.

▶ 개념 다지기 2

빈칸에 알맞은 수를 쓰고 그림을 색칠하세요.

01

$\dfrac{1}{5}$이 **2**개이면 $\boxed{\dfrac{2}{5}}$ 입니다. ➡

02

$\dfrac{1}{4}$이 **2**개이면 $\boxed{}$ 입니다. ➡

03

$\dfrac{1}{9}$이 **7**개이면 $\boxed{}$ 입니다. ➡

04

$\dfrac{1}{7}$이 **4**개이면 $\boxed{}$ 입니다. ➡

05

$\dfrac{1}{8}$이 **7**개이면 $\boxed{}$ 입니다. ➡

06

$\dfrac{1}{6}$이 **3**개이면 $\boxed{}$ 입니다. ➡

▶ 개념 마무리 1

빈칸에 알맞은 수를 쓰고 그림을 색칠하세요.

01

$\dfrac{3}{10}$ 은 $\boxed{\dfrac{1}{10}}$ 이 $\boxed{3}$ 개입니다. →

02

$\dfrac{7}{8}$ 은 $\boxed{}$ 이 $\boxed{}$ 개입니다. →

03

$\dfrac{5}{6}$ 는 $\boxed{}$ 이 $\boxed{}$ 개입니다. →

04

$\dfrac{3}{5}$ 은 $\boxed{}$ 이 $\boxed{}$ 개입니다. →

05

$\dfrac{3}{4}$ 은 $\boxed{}$ 이 $\boxed{}$ 개입니다. →

06

$\dfrac{1}{7}$ 은 $\boxed{}$ 이 $\boxed{}$ 개입니다. →

▶정답 및 해설 21쪽

▶ 개념 마무리 2

의미가 통하도록 그림을 색칠하거나, 빈칸에 알맞은 수를 쓰세요.

01

$\dfrac{5}{6}$는 $\boxed{\dfrac{1}{6}}$이 $\boxed{5}$개입니다.

02

$\dfrac{7}{12}$은 $\boxed{}$이 $\boxed{}$개입니다.

03

$\dfrac{4}{7}$는 $\boxed{}$이 $\boxed{}$개입니다.

04

$\boxed{}$은 $\dfrac{1}{19}$이 $\boxed{}$개입니다.

05

$\boxed{}$는 $\dfrac{1}{5}$이 $\boxed{}$개입니다.

06

$\dfrac{6}{10}$은 $\boxed{}$이 $\boxed{}$개입니다.

2 분수의 의미

분수를 쓰려면 수가 두 개 필요하다고 했던 것 기억하죠?

분모에 한 개! 분자에 한 개! 이렇게 두 개의 수가 필요했어요.

특히, 분자가 1인 분수를 단위분수라고 했었고, $\frac{1}{4}$ 이 2개이면 $\frac{2}{4}$ 였죠.

즉, $\frac{2}{4}$ 는 전체 **4**개 중의 **2**개를 의미합니다.

⟵ **부분**의 개수

⟵ **전체를 등분한 개수**

개념 익히기 1

빈칸에 알맞은 수를 쓰세요.

01

전체 6 개 중에서 색칠된 부분은 3 개 ➡ 색칠된 부분: $\frac{3}{6}$

02

전체 ☐ 개 중에서 색칠된 부분은 ☐ 개 ➡ 색칠된 부분: ☐

03

전체 ☐ 개 중에서 색칠된 부분은 ☐ 개 ➡ 색칠된 부분: ☐

0814

분모는 전체의 개수를,
분자는 그중에서 부분의 개수를 뜻합니다.

$\dfrac{1}{3}$ ➡ 3으로 등분한 것 중의 1개 ➡

$\dfrac{3}{5}$ ➡ 5로 등분한 것 중의 3개 ➡

부분
개수
────
전체
개수

▶ 정답 및 해설 **21**쪽

▶ 개념 익히기 2

분수를 보고 빈칸을 채운 후 그림을 알맞게 색칠하세요.

01

$\dfrac{2}{8}$: 전체 8 개, 그중의 2 개 ➡

02

$\dfrac{6}{9}$: 전체 ☐ 개, 그중의 ☐ 개 ➡

03

$\dfrac{4}{6}$: 전체 ☐ 개, 그중의 ☐ 개 ➡

▶ 개념 다지기 1

색칠한 부분을 분수로 쓰세요.

01   → $\dfrac{3}{9}$

02   →

03   →

04   →

05   →

06   →

▶ 개념 다지기 2

분수만큼 그림을 색칠하세요.

01

$\dfrac{4}{9}$ →

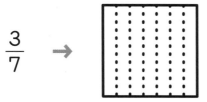

02

$\dfrac{3}{7}$ →

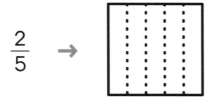

03

$\dfrac{2}{5}$ →

04

$\dfrac{7}{12}$ →

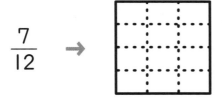

05

$\dfrac{2}{6}$ →

06

$\dfrac{3}{4}$ →

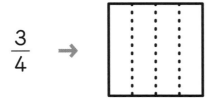

빈칸에 알맞은 수나 단어를 쓰세요.

01 ───────────────────────────

$\dfrac{3}{5}$ 은 전체를 [5] 로 등분한 것 중의 [3] 을 의미합니다.

02 ───────────────────────────

$\dfrac{7}{8}$ 은 전체를 [   ] 로 등분한 것 중의 [   ] 을 의미합니다.

03 ───────────────────────────

$\dfrac{4}{7}$ 는 전체를 [   ] 로 등분한 것 중의 [   ] 를 의미합니다.

04 ───────────────────────────

$\dfrac{5}{6}$ 는 [   ] 를 6으로 등분한 것 중의 [   ] 를 의미합니다.

05 ───────────────────────────

$\dfrac{9}{10}$ 는 전체를 10으로 [   ] 한 것 중의 [   ] 를 의미합니다.

06 ───────────────────────────

$\dfrac{1}{3}$ 은 [   ] 를 [   ] 으로 등분한 것 중의 [   ] 을 의미합니다.

▶ 개념 마무리 2

분수의 분모만큼 그림을 등분하여 주어진 분수를 그림으로 나타내세요.

01

$\dfrac{2}{7}$ →

02

$\dfrac{3}{8}$ →

03

$\dfrac{4}{6}$ →

04

$\dfrac{2}{4}$ →

05

$\dfrac{5}{10}$ →

06

$\dfrac{2}{3}$ →

3 분수를 수직선에 표시하기

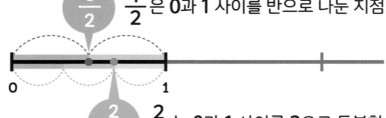

$\dfrac{1}{2}$ 은 0과 1 사이를 반으로 나눈 지점!

$\dfrac{2}{3}$ 는 0과 1 사이를 3으로 등분한 것 중의 2이므로 여기!

퀴즈 ? 그럼 수직선에서 $\dfrac{3}{5}$의 위치는 어디일까요?

아하 !

① 먼저 0과 1 사이를 5로 등분합니다.

(이때 각각의 한 칸의 크기는 $\dfrac{1}{5}$이겠죠. ^_^)

② 0에서부터 오른쪽으로 3칸 간 곳이 $\dfrac{3}{5}$의 위치입니다.

($\dfrac{3}{5}$은 $\dfrac{1}{5}$이 3개입니다.)

▶ 개념 익히기 1

분수를 수직선에 표시하세요.

01

$\dfrac{4}{8}$ →

02

$\dfrac{3}{8}$ →

03

$\dfrac{6}{8}$ →

$\dfrac{2}{4}$ 는 하나를 **4**로 등분한 것 중의 **2**개를 의미하죠.

이것을 그대로 수직선에 옮겨봅시다.

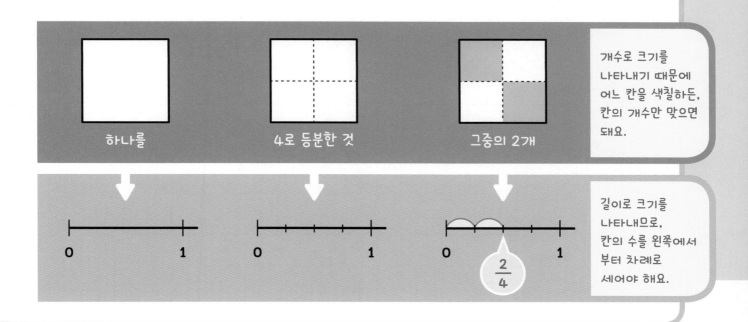

개수로 크기를 나타내기 때문에 어느 칸을 색칠하든, 칸의 개수만 맞으면 돼요.

길이로 크기를 나타내므로, 칸의 수를 왼쪽에서 부터 차례로 세어야 해요.

하나를   4로 등분한 것   그중의 2개

▶ 정답 및 해설 **23**쪽

▶ 개념 익히기 2

분수를 수직선에 표시하세요.

01

$\dfrac{2}{5}$ →

02

$\dfrac{3}{4}$ →

03

$\dfrac{8}{10}$ →

빈칸에 알맞은 수를 쓰세요.

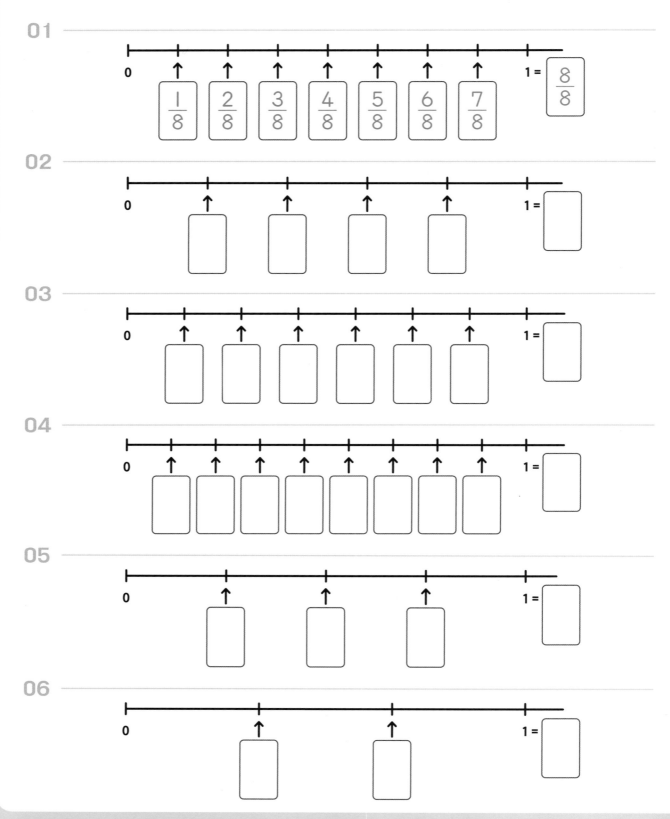

01

0    $\frac{1}{8}$ $\frac{2}{8}$ $\frac{3}{8}$ $\frac{4}{8}$ $\frac{5}{8}$ $\frac{6}{8}$ $\frac{7}{8}$ 1 = $\frac{8}{8}$

02

03

04

05

06

▶ 개념 다지기 2

빈칸에 알맞은 수를 쓰세요.

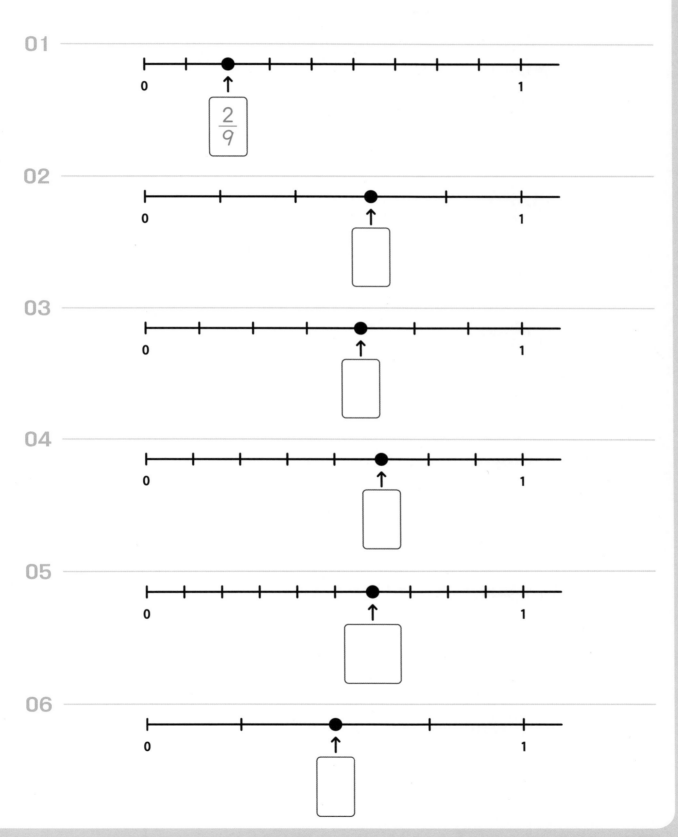

그림, 분수, 수직선이 같은 수를 나타내도록 하세요.

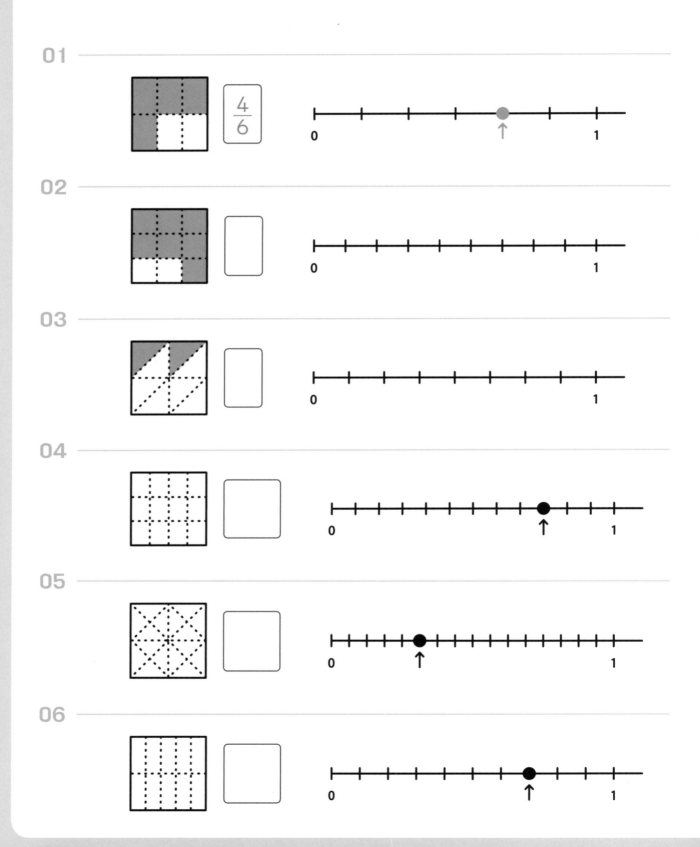

01

$\dfrac{4}{6}$

02

03

04

05

06

▶ 정답 및 해설 24쪽

▶ 개념 마무리 2

0과 1 사이를 24로 똑같이 나누었습니다. 수직선을 분모의 수만큼 등분하여 분수를 수직선에 표시하세요.

01

$\dfrac{4}{6}$

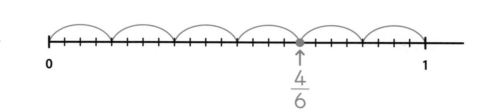

02

$\dfrac{8}{12}$

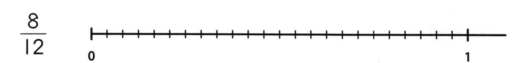

03

$\dfrac{2}{3}$

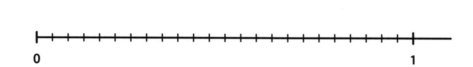

04

$\dfrac{1}{2}$

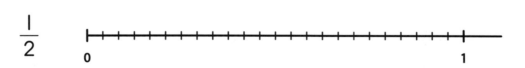

05

$\dfrac{3}{4}$

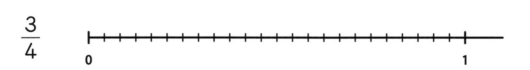

06

$\dfrac{9}{24}$

4 그림으로 이해하기

20의 $\frac{3}{4}$ 찾기
$\frac{3}{4}$의 뜻을 잘 생각해 보면 알 수 있어요.

☆의 △□

☆의 $\frac{1}{□}$ 을 먼저 구한 후
그런 묶음이 △개.

$\frac{1}{□}$이 △개

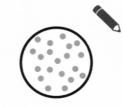

① 점 **20개**를 그리세요.
（머릿속으로 자유롭게~）

② 점 **20개**를 4등분해요.
（20÷4）

③ 그중의 **3묶음**이 점 **20개**의 $\frac{3}{4}$이에요.
（20÷4×3）

20의 $\frac{3}{4}$ 은 20÷4×3 입니다.

▶ **개념 익히기 1**

다음의 값을 찾을 수 있도록 주어진 그림에 순서대로 번호를 쓰세요.

01

10의 $\frac{4}{5}$

그중의 4묶음

(3)

점이 10개

(1)

5등분

(2)

02

9의 $\frac{2}{3}$

그중의 2묶음

( )

3등분

( )

점이 9개

( )

03

8의 $\frac{3}{4}$

점이 8개

( )

그중의 3묶음

( )

4등분

( )

$$20의\ \frac{3}{4}$$

그림	의미	분수를 이용한 표현	계산식
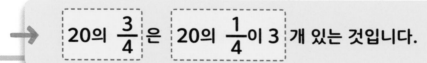	20을 4로 등분한 것 중의 1	$20의\ \frac{1}{4}$	$20 \div 4$
	20을 4로 등분한 것 중의 3	$20의\ \frac{3}{4}$	$20 \div 4 \times 3$

→ $20의\ \frac{3}{4}$ 은 $20의\ \frac{1}{4}$ 이 3 개 있는 것입니다.

▶ 정답 및 해설 24쪽

▶ **개념 익히기 2**

다음을 계산식으로 나타내 보세요.

01

$10의\ \frac{4}{5}$: 10을 5로 등분한 것 중의 4묶음

$10의\ \frac{1}{5}$ → $\boxed{10 \div 5}$ $10의\ \frac{4}{5}$ → $\boxed{10 \div 5 \times 4}$

02

$6의\ \frac{2}{3}$: 6을 3으로 등분한 것 중의 2묶음

$6의\ \frac{1}{3}$ → $\boxed{}$ $6의\ \frac{2}{3}$ → $\boxed{}$

03

$28의\ \frac{4}{7}$: 28을 7로 등분한 것 중의 4묶음

$28의\ \frac{1}{7}$ → $\boxed{}$ $28의\ \frac{4}{7}$ → $\boxed{}$

▶ 개념 다지기 1

그림을 알맞게 묶으세요.

01 ─────────────

6의 $\dfrac{2}{3}$ →

02 ─────────────

8의 $\dfrac{3}{4}$ →

03 ─────────────

10의 $\dfrac{3}{5}$ →

04 ─────────────

12의 $\dfrac{5}{6}$ →

05 ─────────────

14의 $\dfrac{3}{7}$ →

06 ─────────────

20의 $\dfrac{8}{10}$ →

▶ 개념 다지기 2

맞는 그림에 ○표 하세요.

01

16의 $\dfrac{3}{8}$

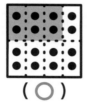

(○)   ( )

02

18의 $\dfrac{2}{6}$

   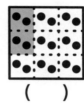

( )   ( )

03

30의 $\dfrac{4}{5}$

( )   ( )

04

24의 $\dfrac{3}{12}$

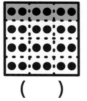   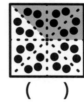

( )   ( )

05

20의 $\dfrac{2}{4}$

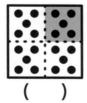   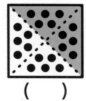

( )   ( )

06

18의 $\dfrac{5}{9}$

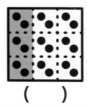   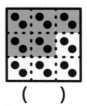

( )   ( )

그림을 보고 분수를 이용한 표현으로 쓰세요.

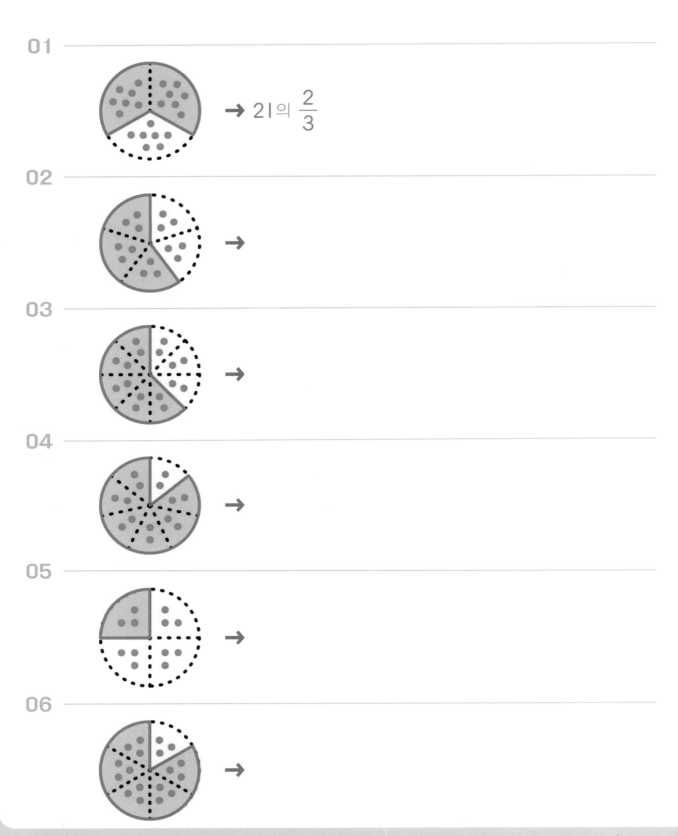

01 → 21의 $\dfrac{2}{3}$

02 →

03 →

04 →

05 →

06 →

▶ 개념 마무리 2

빈칸에 알맞는 식을 쓰세요.

01

6의 $\dfrac{2}{3}$는 $\boxed{6 \div 3 \times 2}$ 입니다.

02

8의 $\dfrac{3}{4}$은 $\boxed{}$ 입니다.

03

10의 $\dfrac{3}{5}$은 $\boxed{}$ 입니다.

04

12의 $\dfrac{5}{6}$는 $\boxed{}$ 입니다.

05

14의 $\dfrac{3}{7}$은 $\boxed{}$ 입니다.

06

20의 $\dfrac{9}{10}$는 $\boxed{}$ 입니다.

5 식으로 이해하기

20의 $\dfrac{3}{4}$ 은 $\quad$ 20의 $\dfrac{1}{4}$ 이 **3**개 있는 것입니다.

식으로 나타내면…

$$\left(20의 \dfrac{3}{4}\right) = \left(20의 \dfrac{1}{4}\right) \times 3$$

'~의'는 한 덩어리~
꼭 '괄호 ( )'를 써요!

$$\rightarrow \quad \left(20의 \dfrac{3}{4}\right) = (20 \div 4) \times 3$$

☆의 $\dfrac{\triangle}{\square}$ 은

☆ ÷ $\square$ × $\triangle$ 입니다.

분모로 나누고 $\quad$ 분자를 곱해요!

▶ 개념 익히기 1

분수를 이용한 표현으로 빈칸을 채우세요.

01

16의 $\dfrac{2}{4}$ 는 $\boxed{16의 \dfrac{1}{4}}$ 이 **2**개 있는 것입니다.

02

18의 $\dfrac{4}{6}$ 는 $\boxed{}$ 이 **4**개 있는 것입니다.

03

32의 $\dfrac{7}{8}$ 은 $\boxed{}$ 이 **7**개 있는 것입니다.

문장을 식으로 바꾸는 방법

1 "-은, -는"에 집중하세요!

왜냐면, "-은, -는"은 주로 "=" 으로 바뀌거든요.

> 예 우리 반 학생은 20명입니다.
>
> (우리 반 학생) = 20(명)

2 식에 글자가 들어가면, 괄호를 해야 해요.

3 "-의"가 나오면 괄호를 이용하여 한 덩어리로 만들어 주세요.

> 예 $20의 \dfrac{4}{5}는 16$입니다. ➡ $\left(20의 \dfrac{4}{5}\right) = 16$
>
> 괄호로 한 덩어리 만들기!   =

▶ 정답 및 해설 26쪽

▶ 개념 익히기 2

문장을 식으로 바꿀 때 등호(=)로 바뀌는 부분은 ○표 하고, 괄호가 필요한 부분에는 괄호 표시하세요.

01

$\left(16의 \dfrac{2}{4}\right) \underline{는} \left(16의 \dfrac{1}{4}\right)$이 2개 있는 것입니다.

02

$18의 \dfrac{4}{6}$ 는 $18의 \dfrac{1}{6}$ 이 4개 있는 것입니다.

03

$32의 \dfrac{7}{8}$ 은 $32의 \dfrac{1}{8}$ 이 7개 있는 것입니다.

문장을 식으로 쓰세요.

01

$\left(56의 \dfrac{3}{7}\right)$ 은 $\left(56의 \dfrac{1}{7}\right)$ 이 (3개) 있는 것입니다.

→ $\left(56의 \dfrac{3}{7}\right)$ $=$ $\boxed{56 \div 7}$ $\boxed{\times 3}$

02

$\left(81의 \dfrac{8}{9}\right)$ 은 $\left(81의 \dfrac{1}{9}\right)$ 이 (8개) 있는 것입니다.

→ $\left(81의 \dfrac{8}{9}\right)$ ◯ ☐ ☐

03

$\left(25의 \dfrac{4}{5}\right)$ 는 $\left(25의 \dfrac{1}{5}\right)$ 이 (4개) 있는 것입니다.

→ $\left(25의 \dfrac{4}{5}\right)$ ◯ ☐ ☐

04

$\left(32의 \dfrac{7}{8}\right)$ 은 $\left(32의 \dfrac{1}{8}\right)$ 이 (7개) 있는 것입니다.

→ $\left(32의 \dfrac{7}{8}\right)$ ◯ ☐ ☐

05

$\left(30의 \dfrac{5}{6}\right)$ 는 $\left(30의 \dfrac{1}{6}\right)$ 이 (5개) 있는 것입니다.

→ $\left(30의 \dfrac{5}{6}\right)$ ◯ ☐ ☐

06

$\left(48의 \dfrac{3}{4}\right)$ 은 $\left(48의 \dfrac{1}{4}\right)$ 이 (3개) 있는 것입니다.

→ $\left(48의 \dfrac{3}{4}\right)$ ◯ ☐ ☐

▶ 개념 다지기 2

빈칸을 알맞게 채우세요.

01

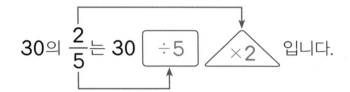

30의 $\dfrac{2}{5}$는 30 $\boxed{\div 5}$ $\triangle{\times 2}$ 입니다.

02

24의 $\dfrac{3}{4}$은 24 $\boxed{}$ $\triangle$ 입니다.

03

48의 $\dfrac{5}{8}$는 48 $\boxed{}$ $\triangle$ 입니다.

04

36의 $\dfrac{4}{6}$는 36 $\boxed{}$ $\triangle$ 입니다.

05

14의 $\dfrac{3}{7}$은 14 $\boxed{}$ $\triangle$ 입니다.

06

15의 $\dfrac{2}{3}$는 15 $\boxed{}$ $\triangle$ 입니다.

빈칸에 알맞은 수를 쓰세요.

01 ─────────────────────────────

$$\left(10의 \frac{3}{5}\right)은 \boxed{6} 입니다.$$
$$=$$
$$10 \div 5 \times 3$$

02 ─────────────────────────────

$$\left(14의 \frac{5}{7}\right)는 \boxed{} 입니다.$$
$$=$$
$$14 \div 7 \times 5$$

03 ─────────────────────────────

$$\left(30의 \frac{2}{3}\right)는 \boxed{} 입니다.$$
$$=$$
$$30 \div 3 \times 2$$

04 ─────────────────────────────

$$\left(40의 \frac{2}{5}\right)는 \boxed{} 입니다.$$
$$=$$
$$40 \div 5 \times 2$$

05 ─────────────────────────────

$$\left(36의 \frac{4}{9}\right)는 \boxed{} 입니다.$$
$$=$$
$$36 \div 9 \times 4$$

06 ─────────────────────────────

$$\left(32의 \frac{3}{4}\right)은 \boxed{} 입니다.$$
$$=$$
$$32 \div 4 \times 3$$

▶ 개념 마무리 2

빈칸에 알맞은 수를 쓰세요.

01

12의 $\dfrac{2}{3}$는 $\boxed{8}$ 입니다.

02

20의 $\dfrac{3}{4}$은 $\boxed{}$ 입니다.

03

24의 $\dfrac{5}{6}$는 $\boxed{}$ 입니다.

04

18의 $\dfrac{7}{9}$은 $\boxed{}$ 입니다.

05

21의 $\dfrac{4}{7}$는 $\boxed{}$ 입니다.

06

64의 $\dfrac{5}{8}$는 $\boxed{}$ 입니다.

6 분수라는 것

4의 $\frac{1}{2}$은 2입니다.

그러나 100의 $\frac{1}{2}$은 50이지요.

이렇게, 같은 $\frac{1}{2}$이라도 어떤 수의 $\frac{1}{2}$이냐에 따라 값이 달라집니다.

> **예**
>
> 우리 **반** 학생의 $\frac{1}{2}$을 집으로 초대했어요.
>
> 우리 **학교** 학생의 $\frac{1}{2}$을 집으로 초대했어요.

비슷해 보이지만,
이 둘은 어마어마하게
다른 거죠!

따라서 분수가 나오면 반드시! 반드시!! 반드시!!!

어떤 수에 대한, 또는 무엇에 대한 분수인지를 생각해야 해요~

▶ 개념 익히기 1

가리키는 부분을 그림에 표시하세요.

01 ─────

배추밭의 $\frac{1}{2}$ →

02 ─────

파이의 $\frac{1}{4}$ →

03 ─────

빨간색 상자의 $\frac{1}{2}$ →

분수라는 것은요~

"오늘은 $\frac{1}{2}$ 만큼을 먹어서 배가 불러."

실생활에서도 이렇게 말을 하면, 알아들을 수가 없어요.

무엇의 $\frac{1}{2}$을 먹었는지 모르기 때문이에요.

그래서 밥통의 $\frac{1}{2}$을 먹었는지, 밥그릇의 $\frac{1}{2}$을 먹었는지

반드시 써주어야 해요.

▶ 개념 익히기 2

▶ 정답 및 해설 27쪽

그림을 보고, 물음에 답하세요.

01

학급문고의 $\frac{1}{2}$은 몇 권입니까? 80권

학급문고에 있는 수학책의 $\frac{1}{2}$은 몇 권입니까? 20권

〈학급문고〉

02

우리 모둠의 $\frac{1}{2}$은 몇 명입니까?

우리 모둠 중 안경 낀 사람의 $\frac{1}{2}$은 몇 명입니까?

〈우리 모둠〉

03

전체 구슬의 $\frac{1}{2}$은 몇 개입니까?

흰색 구슬의 $\frac{1}{2}$은 몇 개입니까?

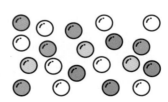

왼쪽 그림은 물건의 개수를 나타낸 것입니다.
식을 쓰고 계산해 보세요.

01

10개   20개

전체 과일의 $\dfrac{2}{3}$는 몇 개일까요?

식: $(10+20) \div 3 \times 2 = 20$ 답: 20 개

02

12개   20개

머핀의 $\dfrac{5}{6}$는 몇 개일까요?

식: 답: 개

03

24개   16개

전체 사과의 $\dfrac{3}{4}$은 몇 개일까요?

식: 답: 개

04

12장   24장

빨간 색종이의 $\dfrac{2}{3}$는 몇 장일까요?

식: 답: 장

▶ 개념 다지기 2

식을 쓰고 계산해 보세요.

01

꽃병에 빨간 장미 12송이, 흰 장미 6송이가 있습니다.

빨간 장미의 $\dfrac{3}{4}$은 몇 송이일까요?

식: $12 \div 4 \times 3 = 9$　　　　　　　　　답: 　9　송이

02

산에서 도토리 32알, 알밤 24알을 주웠습니다.

도토리의 $\dfrac{3}{8}$은 몇 알일까요?

식:　　　　　　　　　답:　　알

03

신발장에 운동화가 4켤레, 슬리퍼가 2켤레, 구두가 2켤레 있습니다.

전체 신발의 $\dfrac{1}{2}$은 몇 켤레일까요?

식:　　　　　　　　　답:　　켤레

04

운동장에 축구하는 아이들이 8명, 줄넘기하는 아이들이 4명 있습니다.

운동장에 있는 전체 아이들의 $\dfrac{3}{6}$은 몇 명일까요?

식:　　　　　　　　　답:　　명

▶ 개념 마무리 1

바르게 색칠한 그림에 ○표 하세요.

01

전체의 $\frac{1}{2}$은 회색

나머지는 하늘색

→

(○)　　　(　)

02

전체의 $\frac{1}{4}$은 분홍색

나머지는 회색

→

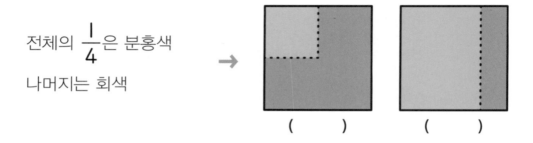

(　)　　　(　)

03

전체의 $\frac{1}{2}$은 하늘색

나머지는 분홍색

→

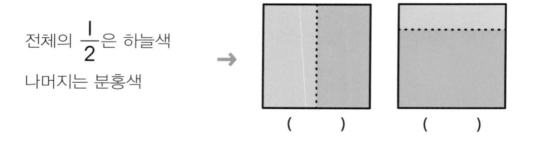

(　)　　　(　)

04

전체의 $\frac{1}{2}$은 회색

나머지의 절반은 분홍색

나머지는 하늘색

→

(　)　　　(　)

▶ 개념 마무리 2

설명대로 그림을 색칠하세요.

01

전체의 $\dfrac{1}{3}$은 분홍색

나머지는 하늘색   →

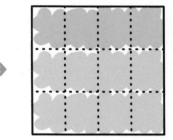

02

전체의 $\dfrac{1}{4}$은 검정색

나머지는 분홍색   →

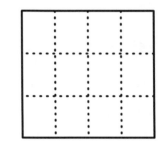

03

전체의 $\dfrac{3}{4}$은 하늘색

나머지는 검정색   →

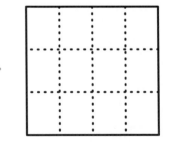

04

전체의 $\dfrac{2}{3}$는 분홍색

나머지의 절반은 하늘색

나머지는 검정색   →

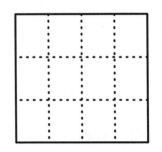

7 나머지에 대한 분수

분수가 나오면 반드시 '무엇에 대한 분수'인지를 확인해야 한다고 했죠?
그래서 나머지에 대한 분수라면 나머지를 먼저 찾아야 해요.

퀴즈 ?

피자 8조각의 $\frac{1}{4}$ 은 내가 먹고, 남은 피자의 $\frac{1}{2}$ 은 동생이 먹었습니다.

동생이 먹은 피자는 몇 조각일까요?

아하 !

1 나머지부터 찾아요!

▶ 먹고 남은 피자의 조각 수:
(전체 조각의 수) - (먹은 조각의 수) = 8 - 2 = 6 (조각)

2 나머지에 대한 분수를 계산해요!

▶ $\left(남은 피자의 \frac{1}{2}\right) = \left(6의 \frac{1}{2}\right) = 6 ÷ 2 = 3$ (조각)

▶ 개념 익히기 1

빈칸을 알맞게 채우세요.

01

구슬 100개 중에서 $\frac{1}{4}$ 을 동생에게
주었습니다.

→ 동생에게 준 구슬: 25 개

→ 남은 구슬: 75 개

02

180쪽까지 있는 책의 $\frac{2}{3}$ 를
읽었습니다.

→ 읽은 쪽수: ☐ 쪽

→ 남은 쪽수: ☐ 쪽

03

전체 1200 m의 거리에서,
전체 거리의 $\frac{5}{6}$ 만큼 갔습니다.

→ 간 거리: ☐ m

→ 남은 거리: ☐ m

나머지에 대한 분수를 그림으로 해결하기

1 전체를 그리세요.
(동그라미, 네모, 선 등등 자유롭게~)

피자
8조각

2 부분을 표시하고, 나머지를 찾으세요.
(그림을 나누며, 각 부분의 크기를 찾고~)

→ 전체의 $\frac{1}{4}$

→ 나머지의 $\frac{1}{2}$

3 나머지에 대한 분수를 계산하세요.

$$\left(\bigstar 의 \frac{\blacksquare}{\blacksquare}\right) = \left(\bigstar \div \blacksquare \times \triangle\right)$$

▶ 정답 및 해설 **29**쪽

▶ **개념 익히기 2**

문장을 보고 그림에 알맞은 수를 써넣으세요.

01

전체 **120**명 중에 $\frac{2}{3}$가 남학생,
나머지는 여학생 →

전체 : [120] 명

남학생	여학생
: [80] 명	: [40] 명

02

음료수 **200**병 중에 $\frac{2}{5}$가 콜라,
나머지는 사이다 →

전체 : [ ] 병

콜라	사이다
: [ ] 병	: [ ] 병

03

물고기 **32**마리 중에 $\frac{5}{8}$가 금붕어,
나머지는 열대어 →

전체 : [ ] 마리

금붕어	열대어
: [ ] 마리	: [ ] 마리

▶ **개념 다지기 1**

물음에 답하세요.

01 ———————————————————

150쪽까지 있는 동화책의 $\frac{1}{2}$을 읽었습니다.

남은 쪽수의 $\frac{1}{5}$을 더 읽으려고 한다면 몇 쪽을 더

읽어야 할까요? 15쪽

02 ———————————————————

의상실에 옷이 100벌 있습니다.

그중 $\frac{1}{2}$이 바지이고, 바지의 $\frac{1}{2}$은 주머니가 없습니다.

주머니가 없는 바지는 몇 벌일까요?

03 ———————————————————

우리 학교의 전체 학생은 560명입니다.

그중의 260명이 여학생일 때,

남학생의 $\frac{1}{3}$은 몇 명일까요?

04 ———————————————————

과수원에 나무가 80그루 있고, 그중의 절반은
사과나무입니다.

사과나무의 절반은 초록색 사과가 열리는 나무일 때,
초록색 사과가 열리는 나무는 몇 그루일까요?

▶ 개념 다지기 2

그림을 보고 물음에 답하세요.

01

300 mL 우유의 $\dfrac{1}{2}$을 쏟았고

남은 우유의 $\dfrac{1}{2}$을 마셨습니다.

마신 우유의 양은 몇 **mL**일까요? 75 mL

02

9개의 나뭇조각으로 된 울타리를 페인트칠하려고 합니다.

오늘 울타리의 $\dfrac{1}{3}$을 칠하고

내일은 남은 것의 $\dfrac{1}{2}$을 칠하려고 합니다.

내일은 몇 개의 나뭇조각을 칠해야 할까요?

03

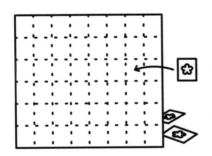

48개의 타일을 붙일 수 있는 벽에 꽃 모양 타일을 붙이려고 합니다.

어제 벽의 $\dfrac{1}{4}$만큼 붙였고,

오늘 남은 벽의 $\dfrac{2}{3}$를 붙인다면

오늘 붙이는 타일은 몇 개일까요?

04

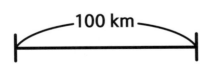

100 km 거리를 오늘은 전체의 $\dfrac{1}{2}$만큼을

가고, 내일 나머지의 $\dfrac{1}{5}$을 갈 예정입니다.

내일 갈 거리는 몇 **km**일까요?

▶ 개념 마무리 1

그림을 보고 물음에 답하세요.

01

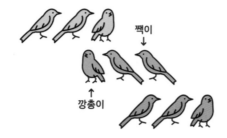

노랑새 **3**마리, 파랑새 **3**마리, 빨강새 **3**마리, 모두 **9**마리의 새 중에서 파랑새 **2**마리에게만 이름을 지어주었습니다.

이름이 있는 새는 전체의 몇 분의 몇입니까?　$\frac{2}{9}$

이름이 있는 새는 파랑새의 몇 분의 몇입니까?　$\frac{2}{3}$

02

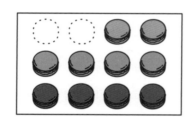

마카롱 한 상자를 선물 받았습니다.

딸기맛 **4**개, 녹차맛 **4**개, 초코맛 **4**개로 모두 **12**개 중에서 딸기맛 마카롱만 **2**개 먹었습니다.

먹은 마카롱은 전체 마카롱 중의 몇 분의 몇입니까?

먹은 마카롱은 딸기맛 마카롱 중의 몇 분의 몇입니까?

03

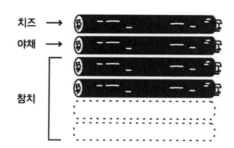

참치김밥 **4**줄, 야채김밥 **1**줄, 치즈김밥 **1**줄, 모두 **6**줄의 김밥 중 참치김밥만 **2**줄 먹었습니다.

먹은 김밥은 전체 김밥의 몇 분의 몇입니까?

먹은 김밥은 참치김밥의 몇 분의 몇입니까?

04

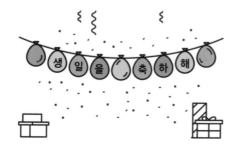

생일파티를 준비 중입니다.

글씨가 적힌 풍선은 전체 풍선의 몇 분의 몇입니까?

빨간 풍선 중 글씨가 적힌 풍선은 몇 분의 몇입니까?

▶ 정답 및 해설 30쪽

▶ 개념 마무리 2

그림을 보고 물음에 답하세요.

01

풍경화 12개, 초상화 12개를 게시판에 전시하려고 합니다.

오늘 게시판에 건 그림이 풍경화 10개라면, 게시판에 전시된 그림은 전체의 몇 분의 몇입니까? $\dfrac{10}{24}$

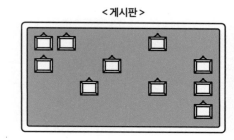

02

우리 반 학생 30명 중 18명은 남학생이고, 12명은 여학생입니다. 이 중, 남학생 4명과 여학생 6명이 모자를 썼습니다.

전체의 몇 분의 몇이 모자를 썼습니까?

	30명	
	남학생 18명	여학생 12명
모자 O	4명	6명
모자 X		

03

오른쪽과 같은 컵이 6개 있습니다.

손잡이와 꽃무늬가 모두 있는 컵은 전체의 몇 분의 몇입니까?

04

종이로 만든 모자이크 작품에 물을 쏟아 그림처럼 젖었습니다. 어떤 것은 젖지 않았고, 어떤 것은 일부만 젖었고, 어떤 것은 완전히 젖었습니다.

젖은 종이는 전체 종이의 몇 분의 몇입니까?

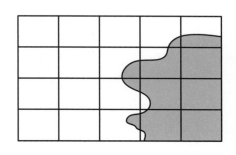

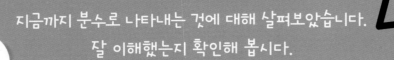

지금까지 분수로 나타내는 것에 대해 살펴보았습니다.
잘 이해했는지 확인해 봅시다.

단원 마무리

1

빈칸에 들어갈 수들의 합을 구하시오.

· $\dfrac{2}{4}$는 $\dfrac{1}{4}$이 ☐개입니다.   · $\dfrac{☐}{7}$은 $\dfrac{1}{7}$이 3개입니다.

2

$\dfrac{5}{20}$를 그림으로 나타내시오.

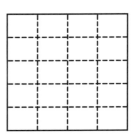

3

빈칸에 알맞은 수를 쓰시오.

$\dfrac{3}{8}$은 전체 ☐개 중의 ☐개를 의미합니다.

4

수직선에 표시된 곳의 위치를 분수로 쓰시오.

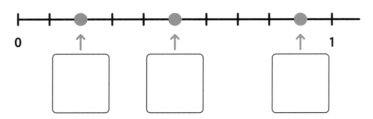

맞은 개수 8개	매우 잘했어요.
맞은 개수 6~7개	실수한 문제를 확인하세요.
맞은 개수 5개	틀린 문제를 2번씩 풀어 보세요.
맞은 개수 1~4개	앞부분의 내용을 다시 한번 확인하세요.

▶정답 및 해설 **30**쪽

5

$\dfrac{5}{6}$, $\dfrac{7}{12}$을 수직선에 표시하시오.

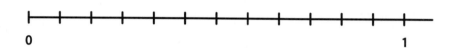

6

72의 $\dfrac{6}{8}$은 얼마입니까?

7

쿠키 24개 중에서 $\dfrac{3}{8}$을 먹었습니다. 남은 쿠키는 몇 개입니까?

8

스승의 날을 맞이하여 우리 반 학생 30명이 꽃을 한 송이씩 가져와 꽃다발을 만들었습니다. 우리 반 학생 전체의 $\dfrac{2}{3}$가 빨간색 꽃을 가져왔고, 그중 $\dfrac{1}{2}$이 카네이션이었을 때, 카네이션은 몇 송이입니까?

서술형으로 확인

▶ 정답 및 해설 31쪽

1 수직선에서 $\dfrac{2}{5}$ 의 위치를 찾는 방법을 설명해 보세요. (힌트 102쪽)

2 연필 12자루의 $\dfrac{1}{4}$ 과 우리 모둠 8명의 $\dfrac{1}{4}$ 이 가리키는 수가 다른 이유를 설명해 보세요. (힌트 120쪽)

3 $\dfrac{1}{4}$ 과 $\dfrac{2}{4}$ 의 크기를 비교하면 $\dfrac{2}{4}$ 가 더 큽니다. 그 이유를 설명해 보세요. (힌트 90쪽)

잠깐! 서술형으로 쓰기 어려워? 그럼 앞에서 배운 걸 떠올려 봐! 앞에서 찾아보고 적어도 좋아!

무시무시한 벌레는 얼마나 빨리 늘어날까?

벌레 한 마리가 있습니다. 그런데 이 벌레는 1초가 지나면 2마리가 되고,
1초가 또 지나면 4마리가 됩니다. 즉, 1초에 2배로 늘어나는 무시무시한 벌레입니다.
자, 지금부터 문제입니다.
이 벌레가 아래의 병을 가득 채우는 데 1분이 걸린다고 할 때,
이 병의 $\frac{1}{2}$을 채우는 데 걸리는 시간은 얼마일까요?

정답 59초 (1초에 2배씩 늘어나므로 1분이 지나기 1초 전인 59초일 때 병의 절반이 됩니다.)

원리부터 연산까지 한번에 잡는

계산 중심이 아닌,
개념과 의미로 풀어내는
진짜 수학!

꼭꼭 씹어서
완전히 이해가
되는 분수!

초등 분수

✓ 개념이 먼저다

1

정답 및 해설

정답 및 해설

1 분수의 생김새

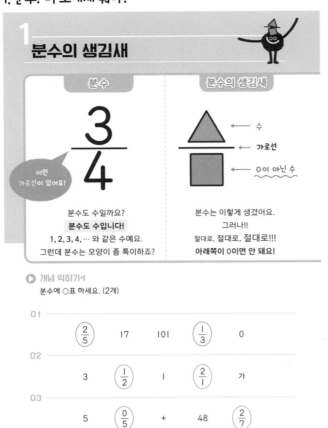

분수

$\dfrac{3}{4}$

이런 가로선이 있어요!

분수도 수일까요?
분수도 수입니다!
1, 2, 3, 4, … 와 같은 수예요.
그런데 분수는 모양이 좀 특이하죠?

분수의 생김새

← 수
← 가로선
← 0이 아닌 수

분수는 이렇게 생겼어요.
그러나!!
절대로, 절대로, 절대로!!!
아래쪽이 0이면 안 돼요!

▶ **개념 익히기 1**

분수에 ◯표 하세요. (2개)

01   $\left(\dfrac{2}{5}\right)$ 17   101 $\left(\dfrac{1}{3}\right)$ 0

02   3 $\left(\dfrac{1}{2}\right)$ 1 $\left(\dfrac{2}{1}\right)$ 가

03   5 $\left(\dfrac{0}{5}\right)$ +   48 $\left(\dfrac{2}{7}\right)$

10 분수1

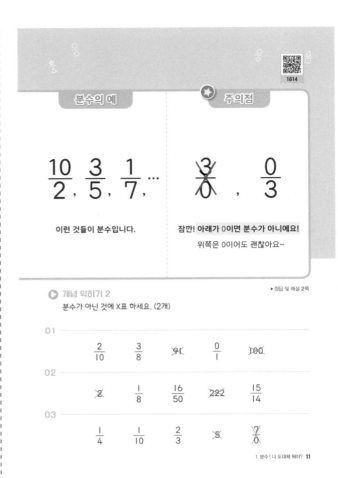

분수의 예

주의점

$\dfrac{10}{2}, \dfrac{3}{5}, \dfrac{1}{7}, \cdots$ $\dfrac{3}{0}$, $\dfrac{0}{3}$

이런 것들이 분수입니다.

잠깐! 아래가 0이면 분수가 아니에요!
위쪽은 0이어도 괜찮아요~

▶ 정답 및 해설 2쪽

▶ **개념 익히기 2**

분수가 아닌 것에 X표 하세요. (2개)

01   $\dfrac{2}{10}$ $\dfrac{3}{8}$ ~~91~~ $\dfrac{0}{1}$ ~~100~~

02   ~~2~~ $\dfrac{1}{8}$ $\dfrac{16}{50}$ ~~222~~ $\dfrac{15}{14}$

03   $\dfrac{1}{4}$ $\dfrac{1}{10}$ $\dfrac{2}{3}$ ~~5~~ $\dfrac{7}{0}$

---

2 분수의 용어

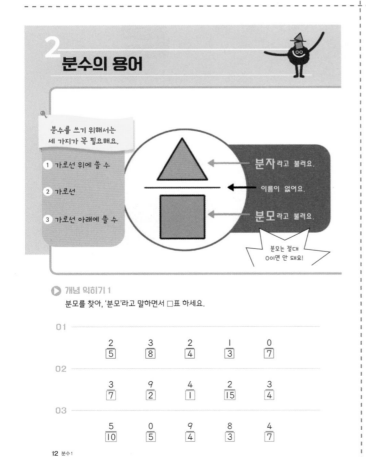

분수를 쓰기 위해서는 세 가지가 꼭 필요해요.

1. 가로선 위에 쓸 수
2. 가로선
3. 가로선 아래에 쓸 수

분자 라고 불러요.
이름이 없어요.
분모 라고 불러요.

분모는 절대 0이면 안 돼요!

▶ **개념 익히기 1**

분모를 찾아, '분모'라고 말하면서 □표 하세요.

01   $\dfrac{2}{\boxed{5}}$ $\dfrac{3}{\boxed{8}}$ $\dfrac{2}{\boxed{4}}$ $\dfrac{1}{\boxed{3}}$ $\dfrac{0}{\boxed{7}}$

02   $\dfrac{3}{\boxed{7}}$ $\dfrac{9}{\boxed{2}}$ $\dfrac{4}{\boxed{1}}$ $\dfrac{2}{\boxed{15}}$ $\dfrac{3}{\boxed{4}}$

03   $\dfrac{5}{\boxed{10}}$ $\dfrac{0}{\boxed{5}}$ $\dfrac{9}{\boxed{4}}$ $\dfrac{8}{\boxed{3}}$ $\dfrac{4}{\boxed{7}}$

12 분수1

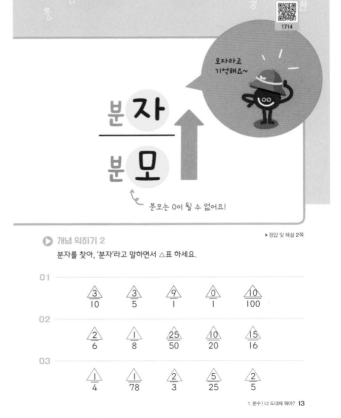

오자라고 기억해요~

$\dfrac{\text{분 }\mathbf{자}}{\text{분 }\mathbf{모}}$ ↑

분모는 0이 될 수 없어요!

▶ 정답 및 해설 2쪽

▶ **개념 익히기 2**

분자를 찾아, '분자'라고 말하면서 △표 하세요.

01   $\dfrac{\triangle 3}{10}$ $\dfrac{\triangle 3}{5}$ $\dfrac{\triangle 9}{1}$ $\dfrac{\triangle 0}{1}$ $\dfrac{\triangle 10}{100}$

02   $\dfrac{\triangle 2}{6}$ $\dfrac{\triangle 1}{8}$ $\dfrac{\triangle 25}{50}$ $\dfrac{\triangle 10}{20}$ $\dfrac{\triangle 15}{16}$

03   $\dfrac{\triangle 1}{4}$ $\dfrac{\triangle 1}{78}$ $\dfrac{\triangle 2}{3}$ $\dfrac{\triangle 5}{25}$ $\dfrac{\triangle 2}{5}$

개념 다지기 1

□와 △에 알맞은 수를 쓰세요.

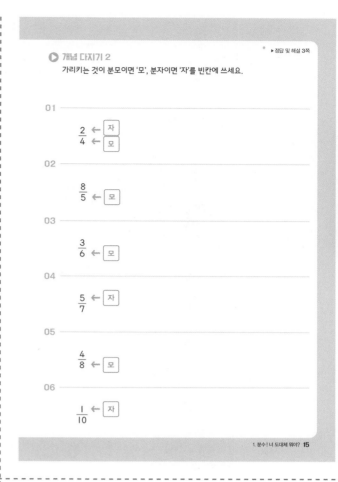

01

$\dfrac{2}{10}$의 분모는 $\boxed{10}$ 입니다.

02

$\dfrac{9}{8}$의 분모는 $\boxed{8}$ 입니다.

03

$\dfrac{1}{4}$의 분모는 $\boxed{4}$ 입니다.

04

$\dfrac{5}{8}$의 분자는 $\boxed{5}$ 입니다.

05

$\dfrac{2}{10}$의 분자는 $\boxed{2}$ 입니다.

06

$\dfrac{5}{4}$의 분자는 $\boxed{5}$ 입니다.

개념 다지기 2

가리키는 것이 분모이면 '모', 분자이면 '자'를 빈칸에 쓰세요.

01

$\dfrac{2}{4}$ ← $\boxed{\text{자}}$
← $\boxed{\text{모}}$

02

$\dfrac{8}{5}$ ← $\boxed{\text{모}}$

03

$\dfrac{3}{6}$ ← $\boxed{\text{모}}$

04

$\dfrac{5}{7}$ ← $\boxed{\text{자}}$

05

$\dfrac{4}{8}$ ← $\boxed{\text{모}}$

06

$\dfrac{1}{10}$ ← $\boxed{\text{자}}$

개념 마무리 1

빈칸에 알맞은 수를 쓰세요.

01

$\dfrac{5}{10}$에서 분모는 $\boxed{10}$ 입니다.

02

$\dfrac{29}{358}$에서 분자는 $\boxed{29}$ 입니다.

03

$\dfrac{15}{20}$에서 분모는 $\boxed{20}$ 입니다.

04

$\dfrac{7}{8}$에서 분모는 $\boxed{8}$ 입니다.

05

$\dfrac{42}{39}$에서 분자는 $\boxed{42}$ 입니다.

06

$\dfrac{0}{3}$에서 분자는 $\boxed{0}$ 입니다.

개념 마무리 2

빈칸에 알맞은 분수를 쓰세요.

01

분모가 9, 분자가 6인 분수 → $\boxed{\dfrac{6}{9}}$

02

분모가 5, 분자가 3인 분수 → $\boxed{\dfrac{3}{5}}$

03

분모가 10, 분자가 12인 분수 → $\boxed{\dfrac{12}{10}}$

04

분자가 8, 분모가 24인 분수 → $\boxed{\dfrac{8}{24}}$

05

분모가 7, 분자가 5인 분수 → $\boxed{\dfrac{5}{7}}$

06

분자가 8, 분모가 4인 분수 → $\boxed{\dfrac{8}{4}}$

3 분수 읽기

분수를 읽을 때는 반드시 **분모부터** 읽어야 해요!
그 다음에 **"분의"**라는 말을 붙이고, 마지막으로 분자를 읽습니다.

분모부터 읽어요.

$\frac{1}{3}$

◀)) 읽기

3분의 1

분모   분자

▶ **개념 익히기 1**
분수를 읽으며 빈칸에 알맞은 수를 쓰세요.

01
$\frac{2}{6}$ → 6분의 2

02
$\frac{5}{8}$ → 8분의 5

03
$\frac{1}{4}$ → 4분의 1

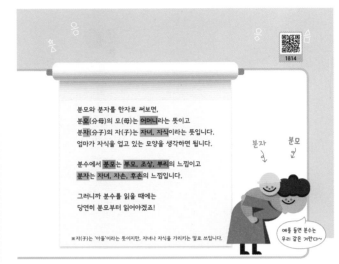

분모와 분자를 한자로 써보면,
분모(分母)의 모(母)는 어머니라는 뜻이고
분자(分子)의 자(子)는 자녀, 자식이라는 뜻입니다.
엄마가 자식을 업고 있는 모양을 생각하면 됩니다.

분수에서 분모는 부모, 조상, 뿌리의 느낌이고
분자는 자녀, 자손, 후손의 느낌입니다.

그러니까 분수를 읽을 때에는
당연히 분모부터 읽어야겠죠!

※자(子)는 '아들'이라는 뜻이지만, 자녀나 자식을 가리키는 말로 쓰입니다.

분자   분모

예를 들면 분수는
우리 같은 거란다~

▶ 정답 및 해설 4쪽

▶ **개념 익히기 2**
분수를 읽으며 빈칸에 알맞은 수를 쓰세요.

01
$\frac{8}{10}$ → 10분의 8

02
$\frac{15}{14}$ → 14분의 15

03
$\frac{0}{9}$ → 9분의 0

▶ **개념 다지기 1**
분수를 읽으며 빈칸에 알맞은 수를 쓰세요.

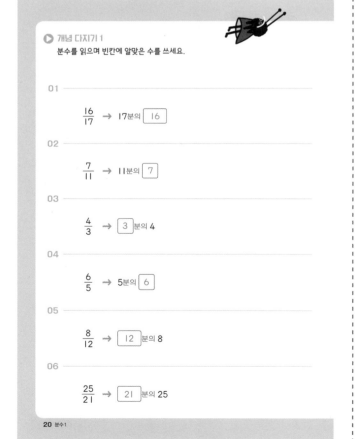

01
$\frac{16}{17}$ → 17분의 16

02
$\frac{7}{11}$ → 11분의 7

03
$\frac{4}{3}$ → 3분의 4

04
$\frac{6}{5}$ → 5분의 6

05
$\frac{8}{12}$ → 12분의 8

06
$\frac{25}{21}$ → 21분의 25

▶ 정답 및 해설 4쪽

▶ **개념 다지기 2**
분수를 읽어 보세요.

01
$\frac{6}{23}$ → 23분의 6

02
$\frac{3}{8}$ → 8분의 3

03
$\frac{2}{7}$ → 7분의 2

04
$\frac{3}{5}$ → 5분의 3

05
$\frac{19}{20}$ → 20분의 19

06
$\frac{4}{13}$ → 13분의 4

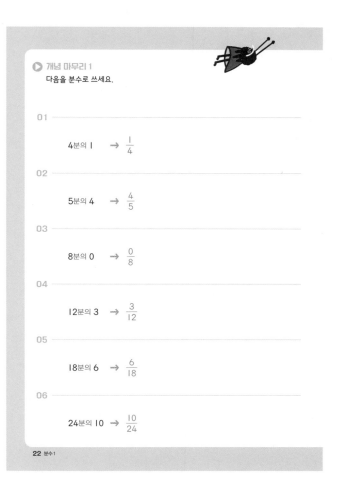

개념 마무리 1

다음을 분수로 쓰세요.

01

4분의 1 → $\frac{1}{4}$

02

5분의 4 → $\frac{4}{5}$

03

8분의 0 → $\frac{0}{8}$

04

12분의 3 → $\frac{3}{12}$

05

18분의 6 → $\frac{6}{18}$

06

24분의 10 → $\frac{10}{24}$

개념 마무리 2

빈칸에 알맞은 수를 쓰세요.

01

$\frac{13}{25}$ → 25 분의 13

02

$\frac{5}{7}$ → 7분의 5

03

$\frac{3}{5}$ → 5 분의 3

04

$\frac{8}{4}$ → 4분의 8

05

$\frac{29}{12}$ → 12분의 29

06

$\frac{3}{6}$ → 6 분의 3

4 하나를 등분하기

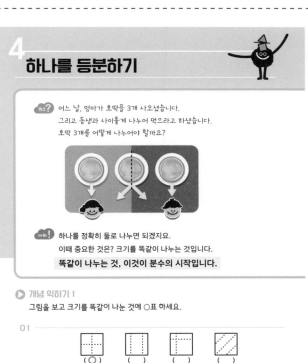

퀴즈? 어느 날, 엄마가 호떡을 3개 사오셨습니다.
그리고 동생과 사이좋게 나누어 먹으라고 하셨습니다.
호떡 3개를 어떻게 나누어야 할까요?

아하! 하나를 정확히 둘로 나누면 되겠지요.
이때 중요한 것은? 크기를 똑같이 나누는 것입니다.
똑같이 나누는 것, 이것이 분수의 시작입니다.

개념 익히기 1

그림을 보고 크기를 똑같이 나눈 것에 ○표 하세요.

01

(○)　( )　( )　( )

02

( )　(○)　( )　( )

03

( )　( )　( )　(○)

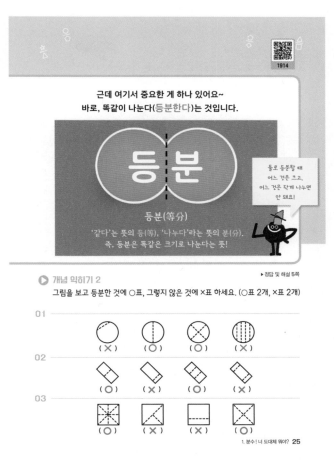

근데 여기서 중요한 게 하나 있어요~
바로, 똑같이 나눈다(등분한다)는 것입니다.

등 분

등분(等分)
'같다'는 뜻의 등(等), '나누다'라는 뜻의 분(分).
즉, 등분은 똑같은 크기로 나눈다는 뜻!

둘로 등분할 때
어느 것은 크고,
어느 것은 작게 나누면
안 돼요!

개념 익히기 2

그림을 보고 등분한 것에 ○표, 그렇지 않은 것에 ×표 하세요. (○표 2개, ×표 2개)

01

(×)　(○)　(○)　(×)

02

(○)　(×)　(○)　(×)

03

(○)　(×)　(×)　(○)

정답 및 해설

▶ 개념 다지기 1

12로 등분된 그림에 ○표, 그렇지 않은 것에 ×표 하세요.

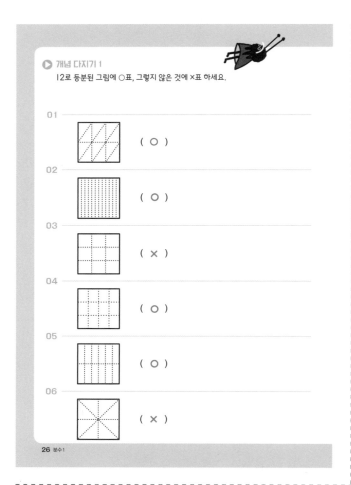

01 (○)

02 (○)

03 (×)

04 (○)

05 (○)

06 (×)

▶ 개념 다지기 2

그림을 주어진 수로 등분하세요.

(다른 방법으로 등분해도 등분한 개수가 맞고, 같은 크기로 나누었다면 정답입니다.)

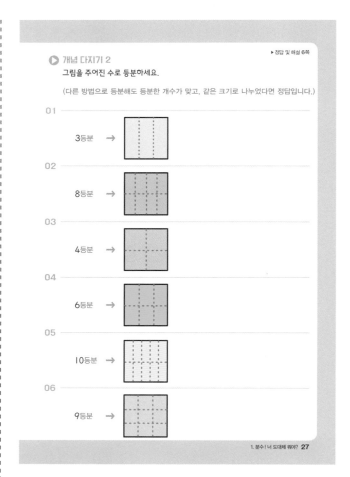

01 3등분 →

02 8등분 →

03 4등분 →

04 6등분 →

05 10등분 →

06 9등분 →

▶ 개념 마무리 1

등분한 것에는 등분한 수를 쓰고, 등분하지 않은 것에는 ×표 하세요.

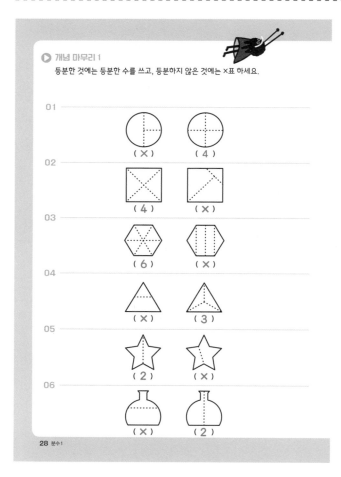

01 (×)   (4)

02 (4)   (×)

03 (6)   (×)

04 (×)   (3)

05 (2)   (×)

06 (×)   (2)

▶ 개념 마무리 2

관계있는 것끼리 선으로 이으세요.

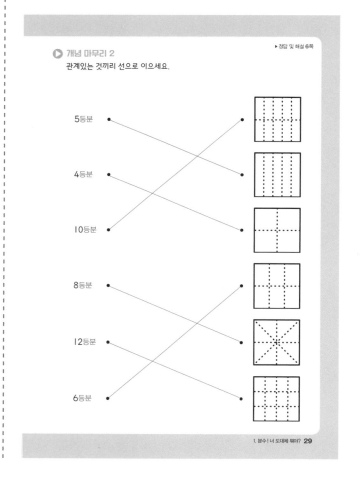

5등분
4등분
10등분
8등분
12등분
6등분

5 여러 개를 등분하기

분수는 어떤 것 하나만을 등분해야 하는 것은 아닙니다.
하나를 둘로 등분할 수도 있고, 열을 둘로 등분할 수도 있어요.
중요한 것은, **똑같이 나누는 것**입니다.

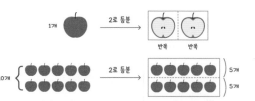

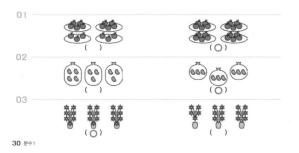

▶ 개념 익히기 1

등분한 것에 ○표 하세요.

01

02

03

여러 개를 등분하면
각각의 개수가 똑같습니다.

예를 들어, 검은 바둑돌 12개를 등분하면 이렇게 되겠죠. ^_^

12로 등분   6으로 등분   4로 등분

3으로 등분   2로 등분   1로 등분

하나를 등분하든,
여러 개를 등분하든,
등분은
똑같이 나누는 거예요.

▶ 정답 및 해설 7쪽

▶ 개념 익히기 2

등분한 그림에 ○표, 그렇지 않으면 ×표 하세요.

01
(○)   (×)

02
(×)   (○)

03
(×)   (○)

▶ 개념 다지기 1

검은 바둑돌 24개를 오른쪽 그림에 알맞게 그려 보세요.

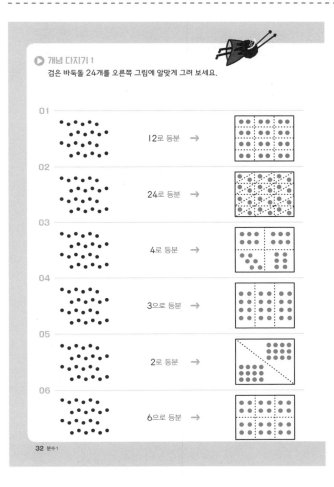

01   12로 등분 →

02   24로 등분 →

03   4로 등분 →

04   3으로 등분 →

05   2로 등분 →

06   6으로 등분 →

▶ 정답 및 해설 7쪽

▶ 개념 다지기 2

내용에 맞게 그림을 완성하세요.

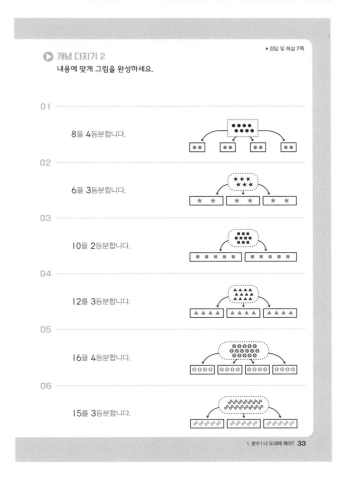

01   8을 4등분합니다.

02   6을 3등분합니다.

03   10을 2등분합니다.

04   12를 3등분합니다.

05   16을 4등분합니다.

06   15를 3등분합니다.

개념 마무리 1

내용에 맞게 그림을 묶어 보세요.

(다른 방법으로 그림을 묶어도 등분한 개수가 맞다면 정답입니다.)

01 36을 4등분합니다.

02 15를 5등분합니다.

03 14를 7등분합니다.

04 18을 3등분합니다.

05 20을 5등분합니다.

06 30을 6등분합니다.

개념 마무리 2

그림을 보고 옳은 설명에 ○표 하세요.

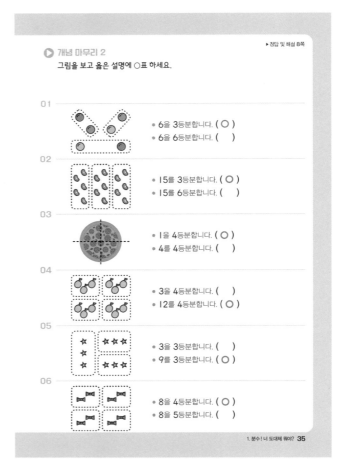

01
• 6을 3등분합니다. (○)
• 6을 6등분합니다. (   )

02
• 15를 3등분합니다. (○)
• 15를 6등분합니다. (   )

03
• 1을 4등분합니다. (○)
• 4를 4등분합니다. (   )

04
• 3을 4등분합니다. (   )
• 12를 4등분합니다. (○)

05
• 3을 3등분합니다. (   )
• 9를 3등분합니다. (○)

06
• 8을 4등분합니다. (○)
• 8을 5등분합니다. (   )

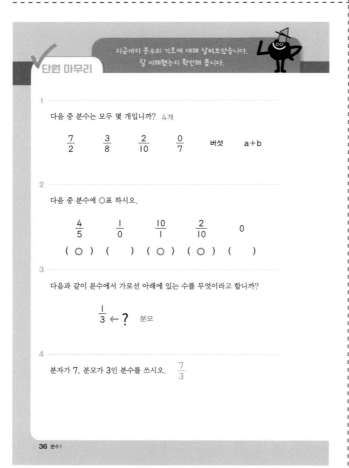

지금까지 분수의 기초에 대해 살펴보았습니다.
잘 이해했는지 확인해 봅시다.

✔ 단원 마무리

1 다음 중 분수는 모두 몇 개입니까? 4개

$$\frac{7}{2} \qquad \frac{3}{8} \qquad \frac{2}{10} \qquad \frac{0}{7} \qquad 버섯 \qquad a+b$$

2 다음 중 분수에 ○표 하시오.

$$\frac{4}{5} \qquad \frac{1}{0} \qquad \frac{10}{1} \qquad \frac{2}{10} \qquad 0$$

(○) (   ) (○) (○) (   )

3 다음과 같이 분수에서 가로선 아래에 있는 수를 무엇이라고 합니까?

$$\frac{1}{3} ← ? \quad 분모$$

4 분자가 7, 분모가 3인 분수를 쓰시오. $\frac{7}{3}$

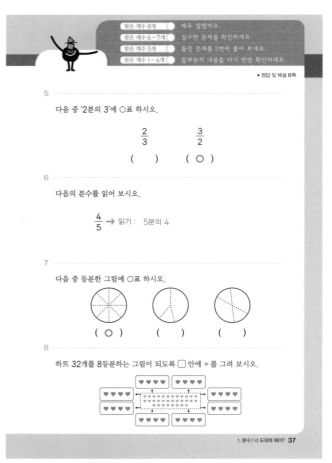

맞은 개수 8개	매우 잘했어요.
맞은 개수 6~7개	실수한 문제를 확인하세요.
맞은 개수 5개	틀린 문제를 2번씩 풀어 보세요.
맞은 개수 1~4개	앞부분의 내용을 다시 한번 확인하세요.

5 다음 중 '2분의 3'에 ○표 하시오.

$$\frac{2}{3} \qquad \frac{3}{2}$$

(   ) (○)

6 다음의 분수를 읽어 보시오.

$$\frac{4}{5} → 읽기 : \quad 5분의 4$$

7 다음 중 등분한 그림에 ○표 하시오.

(○) (   ) (   )

8 하트 32개를 8등분하는 그림이 되도록 ☐ 안에 ♥를 그려 보시오.

※38쪽 〈서술형으로 확인〉의 답은 정답 및 해설 31쪽에서 확인하세요.

1 단위분수

$\frac{1}{6}$

피자 한 판을 6조각으로 등분했습니다.
내가 2조각, 동생이 3조각을 먹고 한 조각이 남았습니다.
이렇게 6으로 등분한 것 중의 하나를 $\frac{1}{6}$이라고 쓰고,
단위분수라고 합니다.

➡ $\frac{1}{6}$은 6으로 등분한 것 중의 하나라는 뜻입니다.

단위분수란
☐ 로 등분한 것 중의 1개

$\frac{1}{\square}$

▶ **개념 익히기 1**
그림을 보고 빈칸에 알맞은 단위분수를 쓰세요.

01
색칠한 부분은 **8**로 등분한 것 중의 하나입니다. ➡ $\boxed{\frac{1}{8}}$

02
색칠한 부분은 **2**로 등분한 것 중의 하나입니다. ➡ $\boxed{\frac{1}{2}}$

03
색칠한 부분은 **4**로 등분한 것 중의 하나입니다. ➡ $\boxed{\frac{1}{4}}$

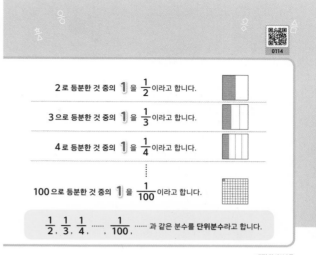

2로 등분한 것 중의 **1**을 $\frac{1}{2}$이라고 합니다.

3으로 등분한 것 중의 **1**을 $\frac{1}{3}$이라고 합니다.

4로 등분한 것 중의 **1**을 $\frac{1}{4}$이라고 합니다.
⋮
100으로 등분한 것 중의 **1**을 $\frac{1}{100}$이라고 합니다.

$\frac{1}{2}, \frac{1}{3}, \frac{1}{4}, \cdots, \frac{1}{100}, \cdots$ 과 같은 분수를 단위분수라고 합니다.

▶ **개념 익히기 2**　　　　　　　　　　▶ 정답 및 해설 9쪽
단위분수를 나타낸 그림에 ○표 하고, ○표 한 그림을 단위분수로 쓰세요.

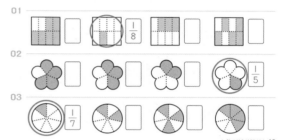

01 　$\frac{1}{8}$

02 　$\frac{1}{5}$

03 　$\frac{1}{7}$

▶ **개념 다지기 1**
그림을 보고 빈칸에 알맞은 수를 쓰세요.

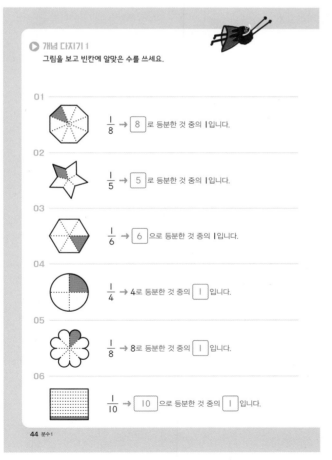

01 $\frac{1}{8}$ ➡ $\boxed{8}$ 로 등분한 것 중의 1입니다.

02 $\frac{1}{5}$ ➡ $\boxed{5}$ 로 등분한 것 중의 1입니다.

03 $\frac{1}{6}$ ➡ $\boxed{6}$ 으로 등분한 것 중의 1입니다.

04 $\frac{1}{4}$ ➡ 4로 등분한 것 중의 $\boxed{1}$ 입니다.

05 $\frac{1}{8}$ ➡ 8로 등분한 것 중의 $\boxed{1}$ 입니다.

06 $\frac{1}{10}$ ➡ $\boxed{10}$ 으로 등분한 것 중의 $\boxed{1}$ 입니다.

▶ **개념 다지기 2**　　　　　　　　　　▶ 정답 및 해설 9쪽
단위분수를 알맞은 그림과 연결하세요.

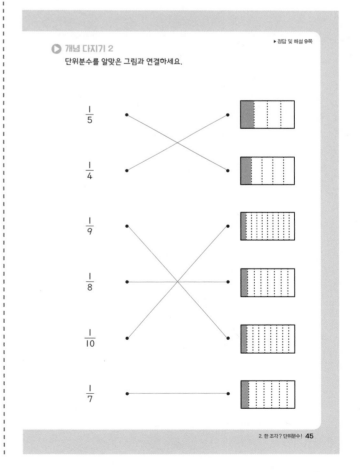

$\frac{1}{5}$

$\frac{1}{4}$

$\frac{1}{9}$

$\frac{1}{8}$

$\frac{1}{10}$

$\frac{1}{7}$

정답 및 해설 **9**

개념 마무리 1

그림을 보고 빈칸에 알맞은 단위분수를 쓰세요.

01 → $\frac{1}{4}$

02 → $\frac{1}{2}$

03 → $\frac{1}{4}$

04 → $\frac{1}{3}$

05 → $\frac{1}{9}$

06 → $\frac{1}{6}$

개념 마무리 2

그림을 보고 단위분수와 그 뜻을 바르게 연결하세요.

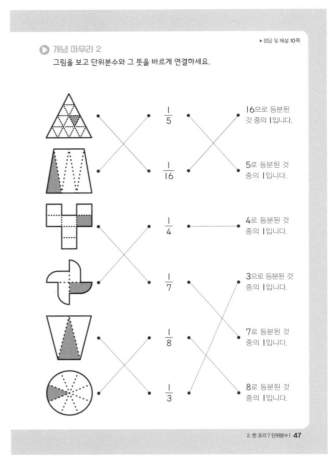

$\frac{1}{5}$ — 16으로 등분된 것 중의 1입니다.

$\frac{1}{16}$ — 5로 등분된 것 중의 1입니다.

$\frac{1}{4}$ — 4로 등분된 것 중의 1입니다.

$\frac{1}{7}$ — 3으로 등분된 것 중의 1입니다.

$\frac{1}{8}$ — 7로 등분된 것 중의 1입니다.

$\frac{1}{3}$ — 8로 등분된 것 중의 1입니다.

---

2 1과 단위분수

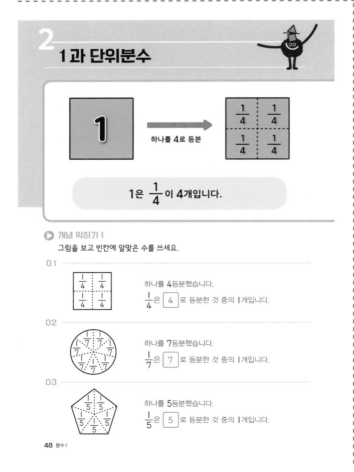

1 → 하나를 4로 등분 → $\frac{1}{4}$ $\frac{1}{4}$ $\frac{1}{4}$ $\frac{1}{4}$

1은 $\frac{1}{4}$이 4개입니다.

$\frac{1}{4}$ $\frac{1}{4}$ $\frac{1}{4}$ $\frac{1}{4}$ → 등분한 조각을 모으면 1이 됩니다. → 1

$\frac{1}{4}$이 4개이면 1입니다.

개념 익히기 1

그림을 보고 빈칸에 알맞은 수를 쓰세요.

01

$\frac{1}{4}$ $\frac{1}{4}$ / $\frac{1}{4}$ $\frac{1}{4}$

하나를 4등분했습니다.
$\frac{1}{4}$은 4로 등분한 것 중의 1개입니다.

02

하나를 7등분했습니다.
$\frac{1}{7}$은 7로 등분한 것 중의 1개입니다.

03

하나를 5등분했습니다.
$\frac{1}{5}$은 5로 등분한 것 중의 1개입니다.

개념 익히기 2

그림과 같이 등분하였습니다. 빈칸에 알맞은 수를 쓰세요.

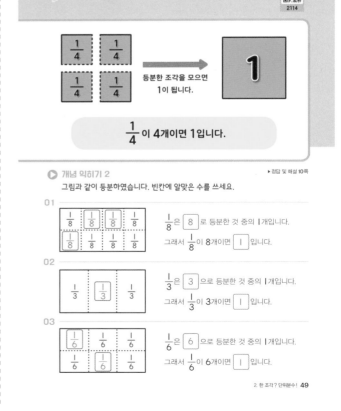

01

$\frac{1}{8}$ $\frac{1}{8}$ $\frac{1}{8}$ $\frac{1}{8}$ / $\frac{1}{8}$ $\frac{1}{8}$ $\frac{1}{8}$ $\frac{1}{8}$

$\frac{1}{8}$은 8로 등분한 것 중의 1개입니다.
그래서 $\frac{1}{8}$이 8개이면 1입니다.

02

$\frac{1}{3}$ $\frac{1}{3}$ $\frac{1}{3}$

$\frac{1}{3}$은 3으로 등분한 것 중의 1개입니다.
그래서 $\frac{1}{3}$이 3개이면 1입니다.

03

$\frac{1}{6}$ $\frac{1}{6}$ $\frac{1}{6}$ / $\frac{1}{6}$ $\frac{1}{6}$ $\frac{1}{6}$

$\frac{1}{6}$은 6으로 등분한 것 중의 1개입니다.
그래서 $\frac{1}{6}$이 6개이면 1입니다.

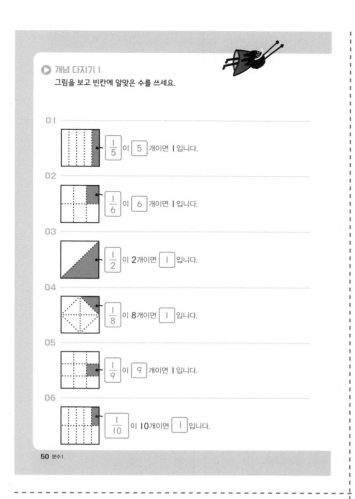

개념 다지기 1

그림을 보고 빈칸에 알맞은 수를 쓰세요.

01
$\frac{1}{5}$ 이 $\boxed{5}$ 개이면 1입니다.

02
$\frac{1}{6}$ 이 $\boxed{6}$ 개이면 1입니다.

03
$\frac{1}{2}$ 이 2개이면 $\boxed{1}$ 입니다.

04
$\frac{1}{8}$ 이 8개이면 $\boxed{1}$ 입니다.

05
$\frac{1}{9}$ 이 $\boxed{9}$ 개이면 1입니다.

06
$\frac{1}{10}$ 이 10개이면 $\boxed{1}$ 입니다.

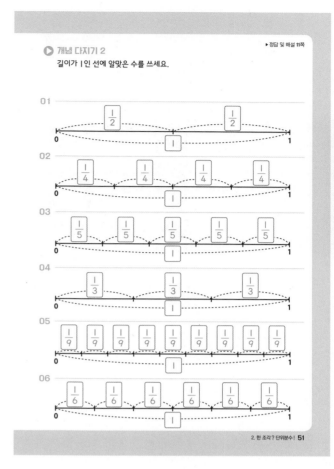

개념 다지기 2

길이가 1인 선에 알맞은 수를 쓰세요.

01

02

03

04

05

06

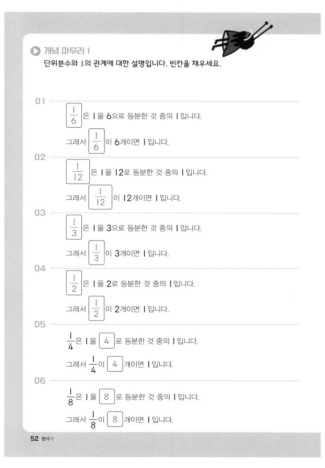

개념 마무리 1

단위분수와 1의 관계에 대한 설명입니다. 빈칸을 채우세요.

01
$\frac{1}{6}$ 은 1을 6으로 등분한 것 중의 1입니다.

그래서 $\frac{1}{6}$ 이 6개이면 1입니다.

02
$\frac{1}{12}$ 은 1을 12로 등분한 것 중의 1입니다.

그래서 $\frac{1}{12}$ 이 12개이면 1입니다.

03
$\frac{1}{3}$ 은 1을 3으로 등분한 것 중의 1입니다.

그래서 $\frac{1}{3}$ 이 3개이면 1입니다.

04
$\frac{1}{2}$ 은 1을 2로 등분한 것 중의 1입니다.

그래서 $\frac{1}{2}$ 이 2개이면 1입니다.

05
$\frac{1}{4}$ 은 1을 $\boxed{4}$ 로 등분한 것 중의 1입니다.

그래서 $\frac{1}{4}$ 이 $\boxed{4}$ 개이면 1입니다.

06
$\frac{1}{8}$ 은 1을 $\boxed{8}$ 로 등분한 것 중의 1입니다.

그래서 $\frac{1}{8}$ 이 $\boxed{8}$ 개이면 1입니다.

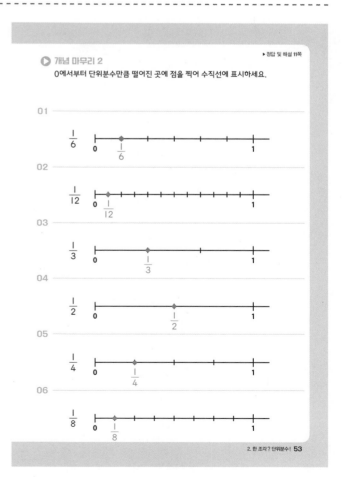

개념 마무리 2

0에서부터 단위분수만큼 떨어진 곳에 점을 찍어 수직선에 표시하세요.

01 $\frac{1}{6}$

02 $\frac{1}{12}$

03 $\frac{1}{3}$

04 $\frac{1}{2}$

05 $\frac{1}{4}$

06 $\frac{1}{8}$

3 $\frac{1}{2}$로 표현하기

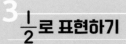

8의 $\frac{1}{2}$은 4입니다.

$\frac{1}{2}$이 4와 같다? 뭔가 정말 이상하죠? 그러나, 자세히 살펴보면…

1을 2로 등분한 것이 아니라,
8을 2로 등분한 것이지요.
즉, **8의 $\frac{1}{2}$**이라고 써야 하고
8의 $\frac{1}{2}$은 **4**와 같습니다.

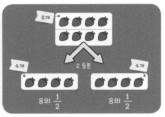

* 아무 말 없이 $\frac{1}{2}$이라고 하면, 1을 2로 등분한 것을 의미합니다.

▶ 개념 익히기 1

그림을 보고 빈칸에 알맞은 수를 쓰세요.

01 10의 $\frac{1}{2}$은 $\boxed{5}$ 입니다. $\boxed{5}$ 는 10의 $\frac{1}{2}$입니다.

02 18의 $\frac{1}{2}$은 $\boxed{9}$ 입니다. $\boxed{9}$ 는 18의 $\frac{1}{2}$입니다.

03 12의 $\frac{1}{2}$은 $\boxed{6}$ 입니다. $\boxed{6}$ 은 12의 $\frac{1}{2}$입니다.

÷ 2 는 반, 절반

적도를 중심으로 지구를 둘로 나누었을 때
북쪽을 북반구, 남쪽을 남반구라고 합니다.

↑ 북반구
↓ 남반구

이처럼 $\frac{1}{2}$은 수학의 언어지만,
일상생활에서도 "반" 또는 "절반"이라는 말로 자주 사용합니다.

 우리 반 학생 20명의 $\frac{1}{2}$은 안경을 썼습니다.
안경을 쓴 학생은 몇 명일까요?

 20의 $\frac{1}{2}$은 $\boxed{20 \div 2}$ 와 같아요.

➡ 따라서, 안경을 쓴 학생은 10명입니다.

▶ 정답 및 해설 12쪽

▶ 개념 익히기 2

그림을 보고 빈칸에 알맞은 수를 쓰세요.

01 4의 $\frac{1}{2}$은 $\boxed{2}$ 입니다. → 4÷2 = $\boxed{2}$

02 6의 $\frac{1}{2}$은 $\boxed{3}$ 입니다. → 6÷2 = $\boxed{3}$

03 2의 $\frac{1}{2}$은 $\boxed{1}$ 입니다. → 2÷2 = $\boxed{1}$

▶ 개념 다지기 1

문장을 나눗셈식으로 쓰세요.

01 30의 $\frac{1}{2}$은 15입니다. → 식: 30÷2=15

02 16의 $\frac{1}{2}$은 8입니다. → 식: 16÷2=8

03 10의 $\frac{1}{2}$은 5입니다. → 식: 10÷2=5

04 24의 $\frac{1}{2}$은 12입니다. → 식: 24÷2=12

05 18의 $\frac{1}{2}$은 9입니다. → 식: 18÷2=9

06 32의 $\frac{1}{2}$은 16입니다. → 식: 32÷2=16

▶ 개념 다지기 2

▶ 정답 및 해설 12쪽

빈칸에 알맞은 수를 쓰세요.

01 20의 $\frac{1}{2}$은 $\boxed{10}$ 입니다.

02 6의 $\frac{1}{2}$은 $\boxed{3}$ 입니다.

03 14의 $\frac{1}{2}$은 $\boxed{7}$ 입니다.

04 50의 $\frac{1}{2}$은 $\boxed{25}$ 입니다.

05 28의 $\frac{1}{2}$은 $\boxed{14}$ 입니다.

06 22의 $\frac{1}{2}$은 $\boxed{11}$ 입니다.

▶ 개념 마무리 1

빈칸에 알맞은 수를 쓰세요.

01

20의 $\boxed{\dfrac{1}{2}}$ 은 10입니다.

02

8의 $\boxed{\dfrac{1}{2}}$ 은 4입니다.

03

18의 $\boxed{\dfrac{1}{2}}$ 은 9입니다.

04

10의 $\dfrac{1}{2}$ 은 $\boxed{5}$ 입니다.

05

30의 $\boxed{\dfrac{1}{2}}$ 은 15입니다.

06

12의 $\dfrac{1}{2}$ 은 $\boxed{6}$ 입니다.

▶ 개념 마무리 2

빈칸에 알맞은 수를 쓰세요.

01

$\boxed{15}$ 는 30의 $\dfrac{1}{2}$ 입니다.

02

$\boxed{50}$ 은 100의 $\dfrac{1}{2}$ 입니다.

03

$\boxed{12}$ 는 24의 $\dfrac{1}{2}$ 입니다.

04

$\boxed{7}$ 은 14의 $\dfrac{1}{2}$ 입니다.

05

40의 $\dfrac{1}{2}$ 은 $\boxed{20}$ 입니다.

06

42의 $\dfrac{1}{2}$ 은 $\boxed{21}$ 입니다.

4 $\dfrac{1}{3}$ 로 표현하기

퀴즈 ? 9의 $\dfrac{1}{3}$ 은 얼마일까요?

아하! ① 먼저, 9를 3으로 등분하세요! ➡ ② 그중의 한 묶음이 $\dfrac{1}{3}$ 입니다.

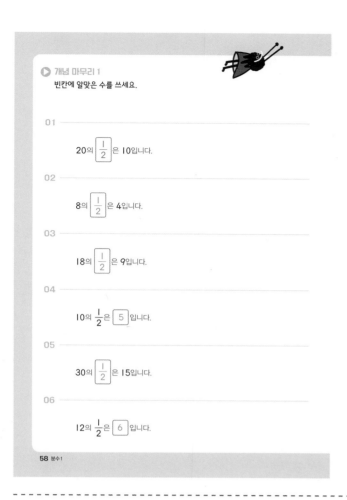

▶ 개념 익히기 1

그림을 보고 빈칸에 알맞은 수를 쓰세요.

01

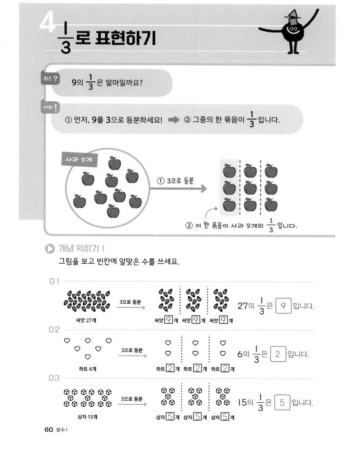

씨앗 27개 ─ 3으로 등분 → 씨앗 $\boxed{9}$ 개 씨앗 $\boxed{9}$ 개 씨앗 $\boxed{9}$ 개 ⟶ 27의 $\dfrac{1}{3}$ 은 $\boxed{9}$ 입니다.

02

하트 6개 ─ 3으로 등분 → 하트 $\boxed{2}$ 개 하트 $\boxed{2}$ 개 하트 $\boxed{2}$ 개 ⟶ 6의 $\dfrac{1}{3}$ 은 $\boxed{2}$ 입니다.

03

상자 15개 ─ 3으로 등분 → 상자 $\boxed{5}$ 개 상자 $\boxed{5}$ 개 상자 $\boxed{5}$ 개 ⟶ 15의 $\dfrac{1}{3}$ 은 $\boxed{5}$ 입니다.

따라서, 9의 $\dfrac{1}{3}$ 은 3입니다.

↳ 수학에서 "="을 뜻해요.

➡ $\left(9의 \dfrac{1}{3}\right) = \boxed{3}$ 9 ÷ 3 해서 얻은 결과

식에서 글자를 쓰려면 괄호를 해주어야 해요!

➡ $\left(9의 \dfrac{1}{3}\right) = 9 \div 3$

☆의 $\dfrac{1}{3}$ 은

☆ ÷ 3 입니다.

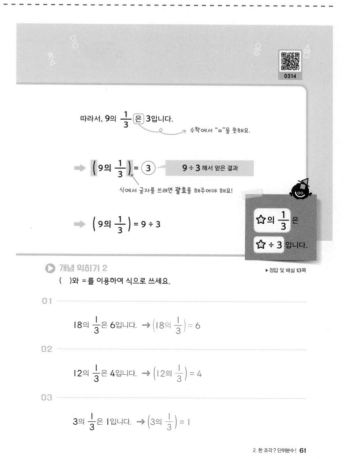

▶ 개념 익히기 2

▶ 정답 및 해설 13쪽

( )와 =를 이용하여 식으로 쓰세요.

01

18의 $\dfrac{1}{3}$ 은 6입니다. ➡ $\left(18의 \dfrac{1}{3}\right) = 6$

02

12의 $\dfrac{1}{3}$ 은 4입니다. ➡ $\left(12의 \dfrac{1}{3}\right) = 4$

03

3의 $\dfrac{1}{3}$ 은 1입니다. ➡ $\left(3의 \dfrac{1}{3}\right) = 1$

개념 다지기 1

문장을 식으로 쓰세요.

01
30의 $\frac{1}{3}$은 30÷3입니다.　→　$\left(30의\ \frac{1}{3}\right)$ = 30÷3

02
15의 $\frac{1}{3}$은 15÷3입니다.　→　$\left(15의\ \frac{1}{3}\right)$ = 15÷3

03
24의 $\frac{1}{3}$은 24÷3입니다.　→　$\left(24의\ \frac{1}{3}\right)$ = 24÷3

04
18의 $\frac{1}{3}$은 18÷3입니다.　→　$\left(18의\ \frac{1}{3}\right)$ = 18÷3

05
9의 $\frac{1}{3}$은 9÷3입니다.　→　$\left(9의\ \frac{1}{3}\right)$ = 9÷3

06
6의 $\frac{1}{3}$은 6÷3입니다.　→　$\left(6의\ \frac{1}{3}\right)$ = 6÷3

▶ 정답 및 해설 14쪽

개념 다지기 2

빈칸에 알맞은 수를 쓰세요.

01
21의 $\frac{1}{3}$은 [7] 입니다.

02
24의 $\frac{1}{3}$은 [8] 입니다.

03
63의 $\frac{1}{3}$은 [21] 입니다.

04
90의 $\frac{1}{3}$은 [30] 입니다.

05
15의 $\frac{1}{3}$은 [5] 입니다.

06
60의 $\frac{1}{3}$은 [20] 입니다.

개념 마무리 1

같은 것끼리 연결하세요.

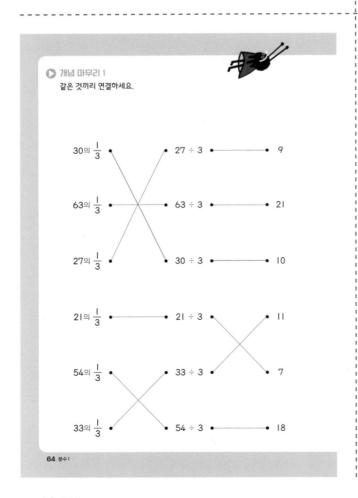

▶ 정답 및 해설 14쪽

개념 마무리 2

빈칸에 알맞은 수를 쓰세요.

01
39의 $\frac{1}{3}$은 [13] 입니다.

02
[30] 의 $\frac{1}{3}$은 10입니다.

03
18의 $\frac{1}{3}$은 [6] 입니다.

04
[12] 의 $\frac{1}{3}$은 4입니다.

05
[5] 는 15의 $\frac{1}{3}$입니다.

06
7은 [21] 의 $\frac{1}{3}$입니다.

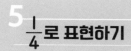

5 $\frac{1}{4}$로 표현하기

퀴즈? 20의 $\frac{1}{4}$은 얼마일까요?

아하!
① 먼저, 20을 4로 등분하세요! ② 그중의 한 묶음이 $\frac{1}{4}$입니다.

별사탕 20개
① 4로 등분
② 이 한 묶음이 별사탕 20개의 $\frac{1}{4}$입니다.

▶ **개념 익히기 1**

그림을 보고 빈칸에 알맞은 수를 쓰세요.

01

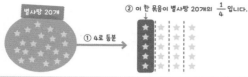

8개 4로 등분 ☐2개 ☐2개 ☐2개 ☐2개

8의 $\frac{1}{4}$은 ☐2 입니다. ☐2 는 8의 $\frac{1}{4}$입니다.

02

12개 4로 등분 ☐3개 ☐3개 ☐3개 ☐3개

12의 $\frac{1}{4}$은 ☐3 입니다. ☐3 은 12의 $\frac{1}{4}$입니다.

03

16개 4로 등분 ☐4개 ☐4개 ☐4개 ☐4개

16의 $\frac{1}{4}$은 ☐4 입니다. ☐4 는 16의 $\frac{1}{4}$입니다.

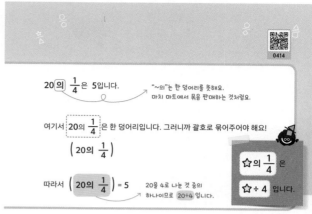

20의 $\frac{1}{4}$은 5입니다.

"~의"는 한 덩어리를 뜻해요.
마치 마트에서 묶음 판매하는 것처럼요.

여기서 20의 $\frac{1}{4}$은 한 덩어리입니다. 그러니까 괄호로 묶어주어야 해요!

$\left(20의 \frac{1}{4}\right)$

따라서 $\left(20의 \frac{1}{4}\right) = 5$ 20을 4로 나눈 것 중의 하나이므로 20÷4 입니다.

☆의 $\frac{1}{4}$은
☆ ÷ 4 입니다.

▶ **개념 익히기 2**
▶ 정답 및 해설 15쪽

괄호로 묶어야 할 부분에 밑줄을 긋고, 괄호로 묶어서 쓰세요.

01

우리 반 32명의 $\frac{1}{4}$은 축구를 좋아합니다. → $\left(32명의 \frac{1}{4}\right)$

02

사과 40개의 $\frac{1}{4}$은 덜 익었습니다. → $\left(40개의 \frac{1}{4}\right)$

03

펜 8자루의 $\frac{1}{4}$은 붉은색입니다. → $\left(8자루의 \frac{1}{4}\right)$

▶ **개념 다지기 1**

다음을 나눗셈식으로 쓰세요.

01

☆의 $\frac{1}{4}$ → ☆ ÷ 4

02

♡의 $\frac{1}{4}$ → ♡ ÷ 4

03

◇의 $\frac{1}{4}$ → ◇ ÷ 4

04

▲의 $\frac{1}{4}$ → ▲ ÷ 4

05

★의 $\frac{1}{4}$ → ★ ÷ 4

06

◖의 $\frac{1}{4}$ → ◖ ÷ 4

▶ **개념 다지기 2**
▶ 정답 및 해설 15쪽

문장을 식으로 쓰세요.

01

28의 $\frac{1}{4}$은 28÷4와 같습니다. → $\left(28의 \frac{1}{4}\right) = 28 ÷ 4$

02

24의 $\frac{1}{4}$은 24÷4와 같습니다. → $\left(24의 \frac{1}{4}\right) = 24 ÷ 4$

03

12의 $\frac{1}{4}$은 12÷4와 같습니다. → $\left(12의 \frac{1}{4}\right) = 12 ÷ 4$

04

8의 $\frac{1}{4}$은 8÷4와 같습니다. → $\left(8의 \frac{1}{4}\right) = 8 ÷ 4$

05

16의 $\frac{1}{4}$은 16÷4와 같습니다. → $\left(16의 \frac{1}{4}\right) = 16 ÷ 4$

06

40의 $\frac{1}{4}$은 40÷4와 같습니다. → $\left(40의 \frac{1}{4}\right) = 40 ÷ 4$

개념 마무리 1

같은 것끼리 연결하세요.

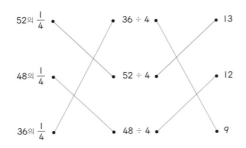

52의 $\frac{1}{4}$ •   • 36 ÷ 4   • 13

48의 $\frac{1}{4}$ •   • 52 ÷ 4   • 12

36의 $\frac{1}{4}$ •   • 48 ÷ 4   • 9

28의 $\frac{1}{4}$ •   • 28 ÷ 4   • 7

44의 $\frac{1}{4}$ •   • 44 ÷ 4   • 8

32의 $\frac{1}{4}$ •   • 32 ÷ 4   • 11

개념 마무리 2

▶ 정답 및 해설 16쪽

빈칸에 알맞은 수를 쓰세요.

01

40의 $\frac{1}{4}$ 은 10 입니다.

02

24의 $\frac{1}{4}$ 은 6 입니다.

03

12의 $\frac{1}{4}$ 은 3 입니다.

04

16의 $\frac{1}{4}$ 은 4 입니다.

05

20의 $\frac{1}{4}$ 은 5 입니다.

06

80의 $\frac{1}{4}$ 은 20 입니다.

---

6 단위분수로 표현하기

24 의 $\frac{1}{2}$ 은 24 ÷ 2 를 계산한 12입니다.

24 의 $\frac{1}{3}$ 은 24 ÷ 3 을 계산한 8입니다.

24 의 $\frac{1}{4}$ 은 24 ÷ 4 를 계산한 6입니다.

퀴즈? 그렇다면 24의 $\frac{1}{6}$ 은 어떻게 계산할까요?

아마도, 24 ÷ 6 을 계산하면 될 것 같은데...

아하! 맞아요! 24 의 $\frac{1}{6}$ 은 24 ÷ 6 과 같습니다.

의미: 24를 6으로 등분한 것 중의 한 묶음

개념 익히기 1

다음을 나눗셈식으로 쓰세요.

01

30의 $\frac{1}{5}$ → 30 ÷ 5

02

28의 $\frac{1}{7}$ → 28 ÷ 7

03

32의 $\frac{1}{4}$ → 32 ÷ 4

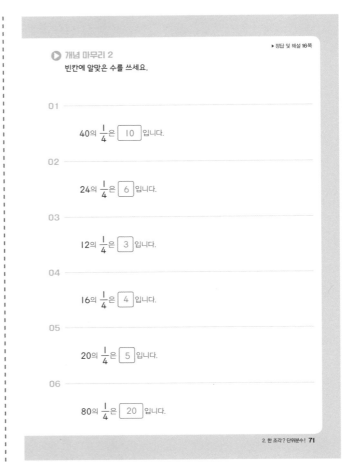

☆의 $\frac{1}{2}$ ➡ ☆ ÷ 2

☆의 $\frac{1}{3}$ ➡ ☆ ÷ 3

☆의 $\frac{1}{4}$ ➡ ☆ ÷ 4

☆의 $\frac{1}{5}$ ➡ ☆ ÷ 5

☆의 $\frac{1}{\square}$ ➡ ☆ ÷ □

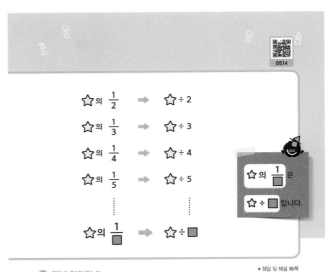

☆ 의 $\frac{1}{\square}$ 은

☆ ÷ □ 입니다.

개념 익히기 2

▶ 정답 및 해설 16쪽

다음을 나눗셈식으로 쓰세요.

01

☆의 $\frac{1}{10}$ → ☆ ÷ 10

02

◇의 $\frac{1}{8}$ → ◇ ÷ 8

03

⊙의 $\frac{1}{6}$ → ⊙ ÷ 6

개념 다지기 1

빈칸에 알맞은 수를 쓰세요.

01

14의 $\frac{1}{7}$은 14÷$\boxed{7}$입니다.

02

50의 $\frac{1}{5}$은 50÷$\boxed{5}$입니다.

03

54의 $\frac{1}{6}$은 54÷$\boxed{6}$입니다.

04

72의 $\frac{1}{9}$은 72÷$\boxed{9}$입니다.

05

16의 $\frac{1}{8}$은 16÷$\boxed{8}$입니다.

06

100의 $\frac{1}{50}$은 100÷$\boxed{50}$입니다.

개념 다지기 2

나눗셈식을 분수를 이용한 표현으로 쓰세요.

01

18 ÷ 6 → 18의 $\frac{1}{6}$

02

35 ÷ 7 → 35의 $\frac{1}{7}$

03

40 ÷ 5 → 40의 $\frac{1}{5}$

04

63 ÷ 9 → 63의 $\frac{1}{9}$

05

80 ÷ 10 → 80의 $\frac{1}{10}$

06

60 ÷ 12 → 60의 $\frac{1}{12}$

개념 마무리 1

빈칸에 알맞은 수를 쓰세요.

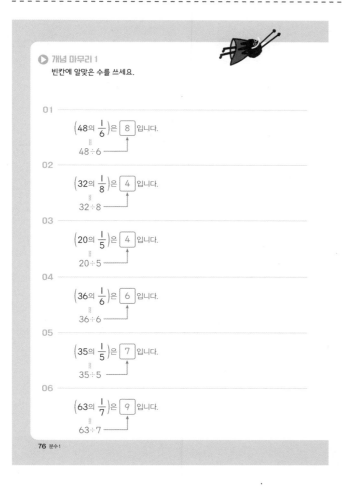

01

$\left(48의 \frac{1}{6}\right)$은 $\boxed{8}$입니다.
$48÷6$

02

$\left(32의 \frac{1}{8}\right)$은 $\boxed{4}$입니다.
$32÷8$

03

$\left(20의 \frac{1}{5}\right)$은 $\boxed{4}$입니다.
$20÷5$

04

$\left(36의 \frac{1}{6}\right)$은 $\boxed{6}$입니다.
$36÷6$

05

$\left(35의 \frac{1}{5}\right)$은 $\boxed{7}$입니다.
$35÷5$

06

$\left(63의 \frac{1}{7}\right)$은 $\boxed{9}$입니다.
$63÷7$

개념 마무리 2

빈칸에 알맞은 수를 쓰세요.

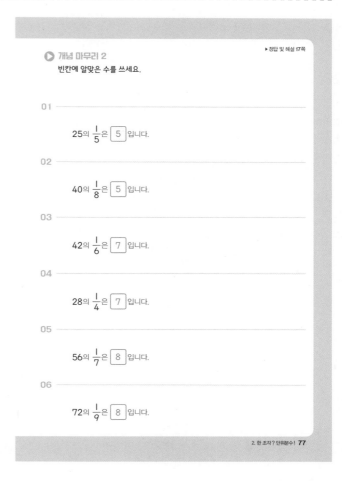

01

25의 $\frac{1}{5}$은 $\boxed{5}$입니다.

02

40의 $\frac{1}{8}$은 $\boxed{5}$입니다.

03

42의 $\frac{1}{6}$은 $\boxed{7}$입니다.

04

28의 $\frac{1}{4}$은 $\boxed{7}$입니다.

05

56의 $\frac{1}{7}$은 $\boxed{8}$입니다.

06

72의 $\frac{1}{9}$은 $\boxed{8}$입니다.

7 단위분수의 크기 비교

퀴즈? 단위분수는 $\frac{1}{2}$, $\frac{1}{3}$, $\frac{1}{4}$, … 과 같이 분자가 1인 분수였죠.

따라서, 피자 한 판을 2로 등분한 것 중의 한 조각은 $\frac{1}{2}$ 이고,

피자 한 판을 8로 등분한 것 중의 한 조각은 $\frac{1}{8}$ 입니다.

그렇다면 $\frac{1}{2}$ 과 $\frac{1}{8}$ 중 더 큰 수는 무엇일까요?

아하! $\frac{1}{2}$ 이 더 크지요!

따라서, $\frac{1}{2} > \frac{1}{8}$ 입니다.

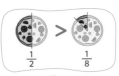

$$\frac{1}{2} \qquad > \qquad \frac{1}{8}$$

단위분수에서는 분모가 작을수록 **큰 수** 입니다!

개념 익히기 1

그림을 보고 단위분수의 크기를 비교하세요.

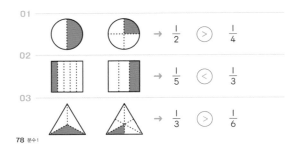

01 → $\frac{1}{2}$ ⊙ $\frac{1}{4}$

02 → $\frac{1}{5}$ ⊙ $\frac{1}{3}$

03 → $\frac{1}{3}$ ⊙ $\frac{1}{6}$

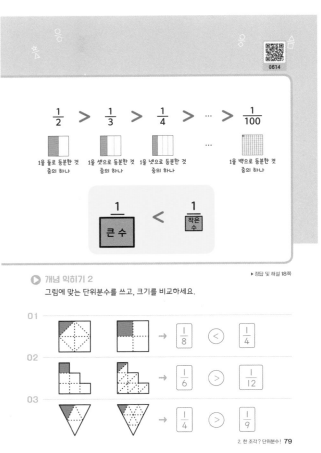

$$\frac{1}{2} > \frac{1}{3} > \frac{1}{4} > \cdots > \frac{1}{100}$$

1을 둘로 등분한 것 중의 하나 / 1을 셋으로 등분한 것 중의 하나 / 1을 넷으로 등분한 것 중의 하나 / 1을 백으로 등분한 것 중의 하나

$$\frac{1}{\boxed{\text{큰 수}}} < \frac{1}{\boxed{\text{작은 수}}}$$

▶ 정답 및 해설 18쪽

개념 익히기 2

그림에 맞는 단위분수를 쓰고, 크기를 비교하세요.

01 → $\frac{1}{8}$ ⊙ $\frac{1}{4}$

02 → $\frac{1}{6}$ ⊙ $\frac{1}{12}$

03 → $\frac{1}{4}$ ⊙ $\frac{1}{9}$

개념 다지기 1

단위분수의 크기를 비교하세요.

01 $\frac{1}{5}$ ⊙ $\frac{1}{4}$

02 $\frac{1}{7}$ ⊙ $\frac{1}{3}$

03 $\frac{1}{8}$ ⊙ $\frac{1}{10}$

04 $\frac{1}{15}$ ⊙ $\frac{1}{25}$

05 $\frac{1}{5}$ ⊙ $\frac{1}{6}$

06 $\frac{1}{11}$ ⊙ $\frac{1}{13}$

▶ 정답 및 해설 18쪽

개념 다지기 2

다음 중 가장 큰 수에 □표, 가장 작은 수에 △표 하세요.

01 $\boxed{\frac{1}{4}}$　$\frac{1}{16}$　$\frac{1}{10}$　$\frac{1}{5}$　$\triangle\frac{1}{20}$

02 $\triangle\frac{1}{24}$　$\boxed{\frac{1}{5}}$　$\frac{1}{8}$　$\frac{1}{9}$　$\frac{1}{7}$

03 $\frac{1}{8}$　$\boxed{\frac{1}{6}}$　$\frac{1}{17}$　$\triangle\frac{1}{900}$　$\frac{1}{15}$

04 $\triangle\frac{1}{29}$　$\frac{1}{10}$　$\frac{1}{16}$　$\boxed{\frac{1}{2}}$　$\frac{1}{3}$

05 $\triangle\frac{1}{20}$　$\frac{1}{5}$　$\frac{1}{11}$　$\frac{1}{6}$　$\boxed{\frac{1}{3}}$

06 $\frac{1}{33}$　$\frac{1}{12}$　$\boxed{\frac{1}{11}}$　$\frac{1}{13}$　$\triangle\frac{1}{63}$

▶ 개념 마무리 1
? 안에 들어갈 수 있는 단위분수를 모두 쓰세요.

01
$\boxed{?} > \frac{1}{5}$ → $\boxed{?} = \frac{1}{4}, \frac{1}{3}, \frac{1}{2}$

02
$\boxed{?} > \frac{1}{9}$ → $\boxed{?} = \frac{1}{8}, \frac{1}{7}, \frac{1}{6}, \frac{1}{5}, \frac{1}{4}, \frac{1}{3}, \frac{1}{2}$

03
$\boxed{?} > \frac{1}{4}$ → $\boxed{?} = \frac{1}{3}, \frac{1}{2}$

04
$\frac{1}{6} < \boxed{?} < \frac{1}{3}$ → $\boxed{?} = \frac{1}{5}, \frac{1}{4}$

05
$\frac{1}{8} < \boxed{?} < \frac{1}{2}$ → $\boxed{?} = \frac{1}{7}, \frac{1}{6}, \frac{1}{5}, \frac{1}{4}, \frac{1}{3}$

06
$\frac{1}{10} < \boxed{?} < \frac{1}{7}$ → $\boxed{?} = \frac{1}{9}, \frac{1}{8}$

▶ 개념 마무리 2
물음에 답하세요.

▶ 정답 및 해설 19쪽

01
크기가 큰 순서대로 쓰세요. $\frac{1}{5}, \frac{1}{8}, \frac{1}{24}, \frac{1}{28}, \frac{1}{42}$

$\frac{1}{42}$　$\frac{1}{5}$　$\frac{1}{24}$　$\frac{1}{28}$　$\frac{1}{8}$

02
크기가 작은 순서대로 쓰세요. $\frac{1}{14}, \frac{1}{11}, \frac{1}{6}, \frac{1}{5}, \frac{1}{2}$

$\frac{1}{2}$　$\frac{1}{14}$　$\frac{1}{11}$　$\frac{1}{5}$　$\frac{1}{6}$

03
가장 큰 분수를 쓰세요. $\frac{1}{2}$

$\frac{1}{30}$　$\frac{1}{2}$　$\frac{1}{33}$　$\frac{1}{300}$　$\frac{1}{333}$

04
가장 작은 분수를 쓰세요. $\frac{1}{21}$

$\frac{1}{11}$　$\frac{1}{20}$　$\frac{1}{21}$　$\frac{1}{9}$　$\frac{1}{16}$

05
두 번째로 큰 분수를 쓰세요. $\frac{1}{4}$

$\frac{1}{5}$　$\frac{1}{4}$　$\frac{1}{50}$　$\frac{1}{2}$　$\frac{1}{8}$

06
두 번째로 작은 분수를 쓰세요. $\frac{1}{11}$

$\frac{1}{7}$　$\frac{1}{16}$　$\frac{1}{11}$　$\frac{1}{5}$　$\frac{1}{10}$

지금까지 단위분수에 대해 살펴보았습니다.
잘 이해했는지 확인해 봅시다.

✔ 단원 마무리

1
다음 중 단위분수에 ○표 하시오.

⊙$\frac{1}{3}$　$\frac{2}{7}$　$\frac{7}{9}$　⊙$\frac{1}{8}$　$\frac{3}{6}$　$\frac{10}{100}$　⊙$\frac{1}{100}$

2
사각형을 오른쪽과 같이 100으로 등분하였습니다. 이때 등분한 한 조각의 크기는 전체의 몇 분의 몇입니까?

$\frac{1}{100}$

3
1을 5로 등분하였습니다. 이때 $\frac{1}{5}$이 몇 개 있어야 1이 됩니까?

5개

4
12의 $\frac{1}{2}$은 얼마입니까?　6

맞은 개수 8개	매우 잘했어요.
맞은 개수 6~7개	실수한 문제를 확인하세요.
맞은 개수 5개	틀린 문제를 2번씩 풀어 보세요.
맞은 개수 1~4개	앞부분의 내용을 다시 한번 확인하세요.

▶ 정답 및 해설 19쪽

5
다음 분수를 크기가 작은 순서대로 쓰시오.

$\frac{1}{6}$　$\frac{1}{13}$　$\frac{1}{5}$　$\frac{1}{9}$　$\frac{1}{20}$　$\frac{1}{2}$

$\frac{1}{20}, \frac{1}{13}, \frac{1}{9}, \frac{1}{6}, \frac{1}{5}, \frac{1}{2}$

6
빈칸에 들어갈 수 있는 분수 중 가장 작은 단위분수는 무엇입니까?

$\frac{1}{8} < \boxed{\frac{1}{7}}$

7
빈칸에 들어갈 수의 합은 얼마입니까?　9

㉠ 12의 $\frac{1}{6}$은 $\boxed{2}$ 입니다.　㉡ $\boxed{7}$은 35의 $\frac{1}{5}$입니다.

8
빈칸에 알맞은 수를 쓰시오.

8은 $\boxed{32}$의 $\frac{1}{4}$입니다.

※86쪽 〈서술형으로 확인〉의 답은 정답 및 해설 31쪽에서 확인하세요.

3. 분수로 나타내 보자!

1 단위분수 확장하기

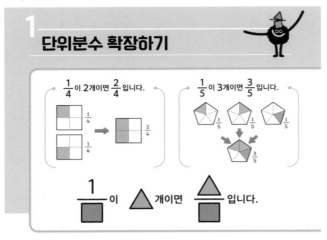

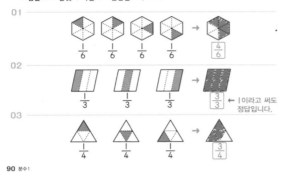

▶ 정답 및 해설 20쪽

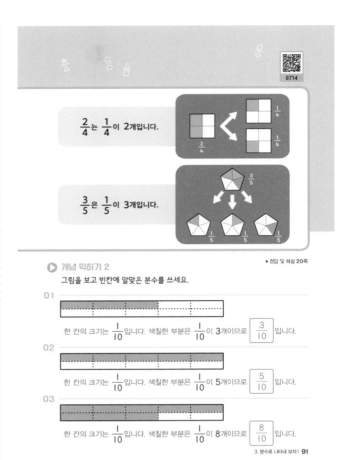

개념 익히기 1

그림을 보고 알맞게 색칠하고 빈칸을 채우세요.

01

$\frac{1}{6}$ $\frac{1}{6}$ $\frac{1}{6}$ $\frac{1}{6}$ → $\frac{4}{6}$

02

$\frac{1}{3}$ $\frac{1}{3}$ $\frac{1}{3}$ → $\frac{3}{3}$ ← 1이라고 써도 정답입니다.

03

$\frac{1}{4}$ $\frac{1}{4}$ $\frac{1}{4}$ → $\frac{3}{4}$

개념 익히기 2

그림을 보고 빈칸에 알맞은 분수를 쓰세요.

01

한 칸의 크기는 $\frac{1}{10}$ 입니다. 색칠한 부분은 $\frac{1}{10}$ 이 3개이므로 $\frac{3}{10}$ 입니다.

02

한 칸의 크기는 $\frac{1}{10}$ 입니다. 색칠한 부분은 $\frac{1}{10}$ 이 5개이므로 $\frac{5}{10}$ 입니다.

03

한 칸의 크기는 $\frac{1}{10}$ 입니다. 색칠한 부분은 $\frac{1}{10}$ 이 8개이므로 $\frac{8}{10}$ 입니다.

개념 다지기 1

그림을 보고 빈칸에 알맞은 수를 쓰세요.

01 → $\frac{1}{9}$ 이 4 개이면 $\frac{4}{9}$ 입니다.

02 → $\frac{1}{8}$ 이 5 개이면 $\frac{5}{8}$ 입니다.

03 → $\frac{1}{6}$ 이 2 개이면 $\frac{2}{6}$ 입니다.

04 → $\frac{1}{5}$ 이 4 개이면 $\frac{4}{5}$ 입니다.

05 → $\frac{1}{4}$ 이 3 개이면 $\frac{3}{4}$ 입니다.

06 → $\frac{1}{10}$ 이 7 개이면 $\frac{7}{10}$ 입니다.

개념 다지기 2

▶ 정답 및 해설 20쪽

빈칸에 알맞은 수를 쓰고 그림을 색칠하세요.

(색칠한 위치가 달라도 색칠한 부분의 수가 맞으면 정답입니다.)

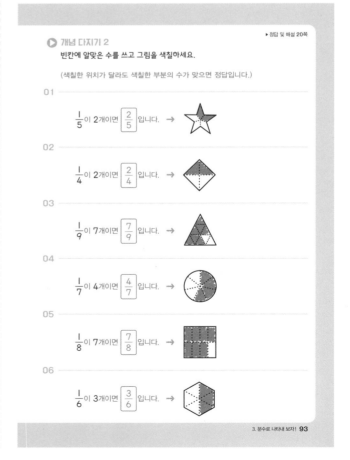

01 $\frac{1}{5}$ 이 2개이면 $\frac{2}{5}$ 입니다. →

02 $\frac{1}{4}$ 이 2개이면 $\frac{2}{4}$ 입니다. →

03 $\frac{1}{9}$ 이 7개이면 $\frac{7}{9}$ 입니다. →

04 $\frac{1}{7}$ 이 4개이면 $\frac{4}{7}$ 입니다. →

05 $\frac{1}{8}$ 이 7개이면 $\frac{7}{8}$ 입니다. →

06 $\frac{1}{6}$ 이 3개이면 $\frac{3}{6}$ 입니다. →

개념 마무리 1

빈칸에 알맞은 수를 쓰고 그림을 색칠하세요.

(색칠한 위치가 달라도 색칠한 부분의 수가 맞으면 정답입니다.)

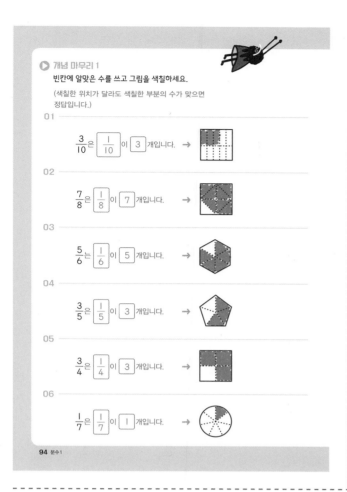

01

$\dfrac{3}{10}$은 $\dfrac{1}{10}$이 3 개입니다. →

02

$\dfrac{7}{8}$은 $\dfrac{1}{8}$이 7 개입니다. →

03

$\dfrac{5}{6}$는 $\dfrac{1}{6}$이 5 개입니다. →

04

$\dfrac{3}{5}$은 $\dfrac{1}{5}$이 3 개입니다. →

05

$\dfrac{3}{4}$은 $\dfrac{1}{4}$이 3 개입니다. →

06

$\dfrac{1}{7}$은 $\dfrac{1}{7}$이 1 개입니다. →

개념 마무리 2

의미가 통하도록 그림을 색칠하거나, 빈칸에 알맞은 수를 쓰세요.

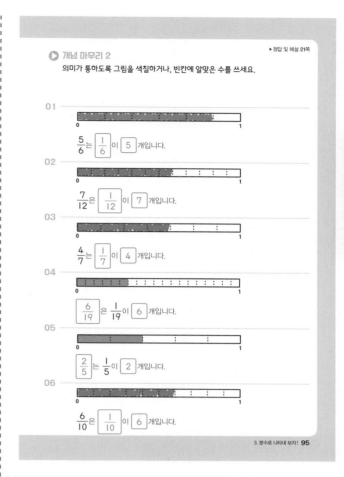

01

$\dfrac{5}{6}$는 $\dfrac{1}{6}$이 5 개입니다.

02

$\dfrac{7}{12}$은 $\dfrac{1}{12}$이 7 개입니다.

03

$\dfrac{4}{7}$는 $\dfrac{1}{7}$이 4 개입니다.

04

$\dfrac{6}{19}$은 $\dfrac{1}{19}$이 6 개입니다.

05

$\dfrac{2}{5}$는 $\dfrac{1}{5}$이 2 개입니다.

06

$\dfrac{6}{10}$은 $\dfrac{1}{10}$이 6 개입니다.

2 분수의 의미

분수를 쓰려면 수가 두 개 필요하다고 했던 것 기억하죠?
분모에 한 개! 분자에 한 개! 이렇게 두 개의 수가 필요했어요.
특히, 분자가 1인 분수를 단위분수라고 했었고, $\dfrac{1}{4}$이 2개이면 $\dfrac{2}{4}$였죠.

즉, $\dfrac{2}{4}$는 전체 4개 중의 2개를 의미합니다.

△ ← 부분의 개수

▭ ← 전체를 등분한 개수

분모는 전체의 개수를,
분자는 그중에서 부분의 개수를 뜻합니다.

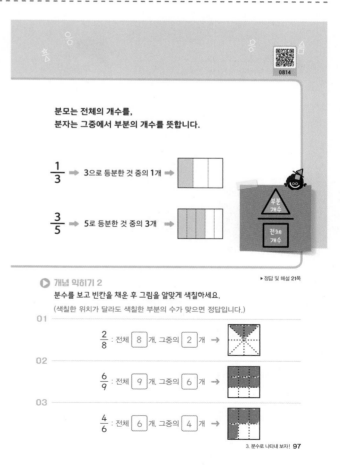

$\dfrac{1}{3}$ → 3으로 등분한 것 중의 1개 →

$\dfrac{3}{5}$ → 5로 등분한 것 중의 3개 →

부분
개수

전체
개수

개념 익히기 1

빈칸에 알맞은 수를 쓰세요.

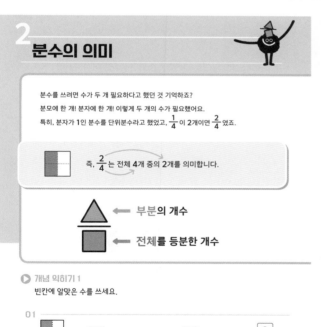

01

전체 6 개 중에서 색칠된 부분은 3 개 → 색칠된 부분: $\dfrac{3}{6}$

02

전체 12 개 중에서 색칠된 부분은 6 개 → 색칠된 부분: $\dfrac{6}{12}$

03

전체 5 개 중에서 색칠된 부분은 4 개 → 색칠된 부분: $\dfrac{4}{5}$

개념 익히기 2

분수를 보고 빈칸을 채운 후 그림을 알맞게 색칠하세요.

(색칠한 위치가 달라도 색칠한 부분의 수가 맞으면 정답입니다.)

01

$\dfrac{2}{8}$: 전체 8 개. 그중의 2 개 →

02

$\dfrac{6}{9}$: 전체 9 개. 그중의 6 개 →

03

$\dfrac{4}{6}$: 전체 6 개. 그중의 4 개 →

● 개념 다지기 1

색칠한 부분을 분수로 쓰세요.

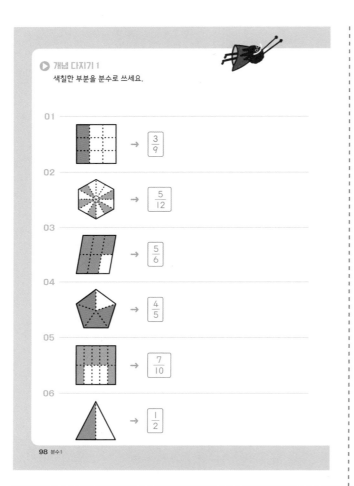

01

→ $\frac{3}{9}$

02

→ $\frac{5}{12}$

03

→ $\frac{5}{6}$

04

→ $\frac{4}{5}$

05

→ $\frac{7}{10}$

06

→ $\frac{1}{2}$

● 개념 다지기 2

분수만큼 그림을 색칠하세요.

(색칠한 위치가 달라도 색칠한 부분의 수가 맞으면 정답입니다.)

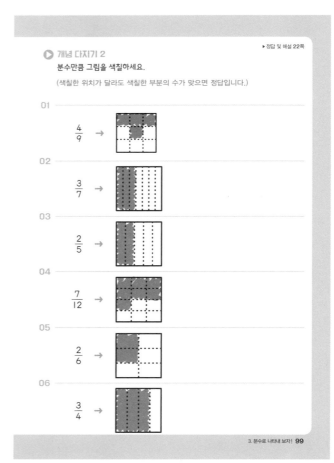

01

$\frac{4}{9}$ →

02

$\frac{3}{7}$ →

03

$\frac{2}{5}$ →

04

$\frac{7}{12}$ →

05

$\frac{2}{6}$ →

06

$\frac{3}{4}$ →

● 개념 마무리 1

빈칸에 알맞은 수나 단어를 쓰세요.

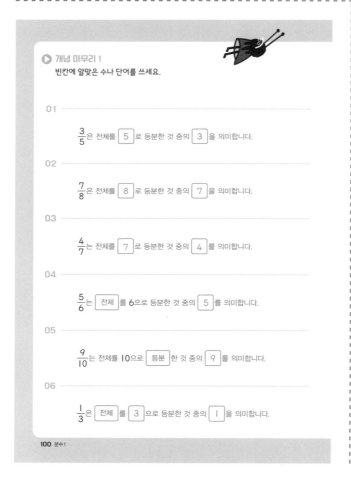

01

$\frac{3}{5}$ 은 전체를 5 로 등분한 것 중의 3 을 의미합니다.

02

$\frac{7}{8}$ 은 전체를 8 로 등분한 것 중의 7 을 의미합니다.

03

$\frac{4}{7}$ 는 전체를 7 로 등분한 것 중의 4 를 의미합니다.

04

$\frac{5}{6}$ 는 전체 를 6으로 등분한 것 중의 5 를 의미합니다.

05

$\frac{9}{10}$ 는 전체를 10으로 등분 한 것 중의 9 를 의미합니다.

06

$\frac{1}{3}$ 은 전체 를 3 으로 등분한 것 중의 1 을 의미합니다.

● 개념 마무리 2

분수의 분모만큼 그림을 등분하여 주어진 분수를 그림으로 나타내세요.

(다른 방법으로 등분해도 등분한 수와 색칠한 부분의 수가 맞으면 정답입니다.)

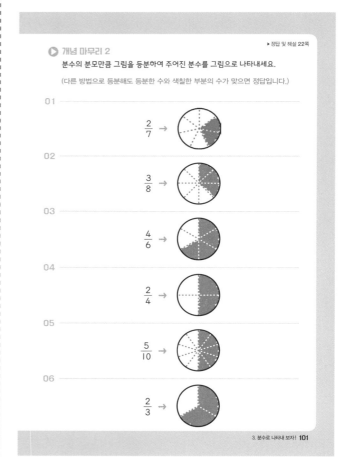

01

$\frac{2}{7}$ →

02

$\frac{3}{8}$ →

03

$\frac{4}{6}$ →

04

$\frac{2}{4}$ →

05

$\frac{5}{10}$ →

06

$\frac{2}{3}$ →

3 분수를 수직선에 표시하기

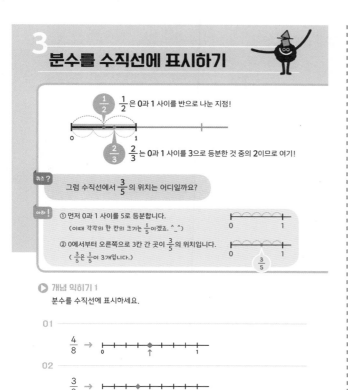

$\frac{1}{2}$ 은 0과 1 사이를 반으로 나눈 지점!

$\frac{2}{3}$ 는 0과 1 사이를 3으로 등분한 것 중의 2이므로 여기!

퀴즈? 그럼 수직선에서 $\frac{3}{5}$ 의 위치는 어디일까요?

아하! ① 먼저 0과 1 사이를 5로 등분합니다.
(이때 각각의 한 칸의 크기는 $\frac{1}{5}$ 이겠죠. ^_^)
② 0에서부터 오른쪽으로 3칸 간 곳이 $\frac{3}{5}$ 의 위치입니다.
($\frac{3}{5}$ 은 $\frac{1}{5}$ 이 3개입니다.)

$\frac{3}{5}$

▶ 개념 익히기 1
분수를 수직선에 표시하세요.

01 $\frac{4}{8}$ →

02 $\frac{3}{8}$ →

03 $\frac{6}{8}$ →

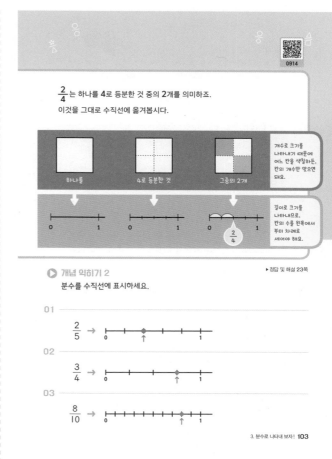

$\frac{2}{4}$ 는 하나를 4로 등분한 것 중의 2개를 의미하죠.
이것을 그대로 수직선에 옮겨봅시다.

하나를 / 4로 등분한 것 / 그중의 2개

개수로 크기를 나타내기 때문에 어느 칸을 색칠하든, 칸의 개수만 맞으면 돼요.

$\frac{2}{4}$

길이로 크기를 나타내므로, 칸의 수를 왼쪽에서부터 차례로 세어야 해요.

▶ 개념 익히기 2   ▶ 정답 및 해설 23쪽
분수를 수직선에 표시하세요.

01 $\frac{2}{5}$ →

02 $\frac{3}{4}$ →

03 $\frac{8}{10}$ →

정답 및 해설

▶ 개념 다지기 1
빈칸에 알맞은 수를 쓰세요.

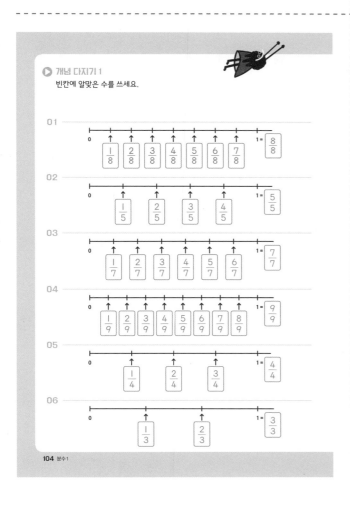

01 $\frac{1}{8}$ $\frac{2}{8}$ $\frac{3}{8}$ $\frac{4}{8}$ $\frac{5}{8}$ $\frac{6}{8}$ $\frac{7}{8}$ 1= $\frac{8}{8}$

02 $\frac{1}{5}$ $\frac{2}{5}$ $\frac{3}{5}$ $\frac{4}{5}$ 1= $\frac{5}{5}$

03 $\frac{1}{7}$ $\frac{2}{7}$ $\frac{3}{7}$ $\frac{4}{7}$ $\frac{5}{7}$ $\frac{6}{7}$ 1= $\frac{7}{7}$

04 $\frac{1}{9}$ $\frac{2}{9}$ $\frac{3}{9}$ $\frac{4}{9}$ $\frac{5}{9}$ $\frac{6}{9}$ $\frac{7}{9}$ $\frac{8}{9}$ 1= $\frac{9}{9}$

05 $\frac{1}{4}$ $\frac{2}{4}$ $\frac{3}{4}$ 1= $\frac{4}{4}$

06 $\frac{1}{3}$ $\frac{2}{3}$ 1= $\frac{3}{3}$

▶ 개념 다지기 2   ▶ 정답 및 해설 23쪽
빈칸에 알맞은 수를 쓰세요.

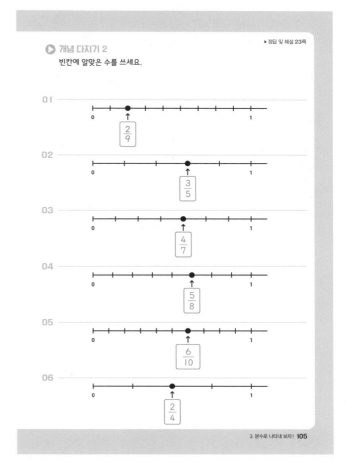

01 $\frac{2}{9}$

02 $\frac{3}{5}$

03 $\frac{4}{7}$

04 $\frac{5}{8}$

05 $\frac{6}{10}$

06 $\frac{2}{4}$

정답 및 해설 **23**

▶ 개념 마무리 1

그림, 분수, 수직선이 같은 수를 나타내도록 하세요.

(그림은 색칠한 위치가 달라도 개수가 맞으면 정답이지만,
수직선에서는 위치가 정확해야 정답입니다.)

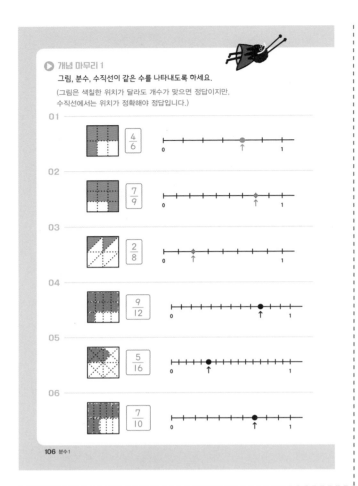

▶ 개념 마무리 2

0과 1 사이를 24로 똑같이 나누었습니다. 수직선을 분모의 수만큼 등분하여
분수를 수직선에 표시하세요.

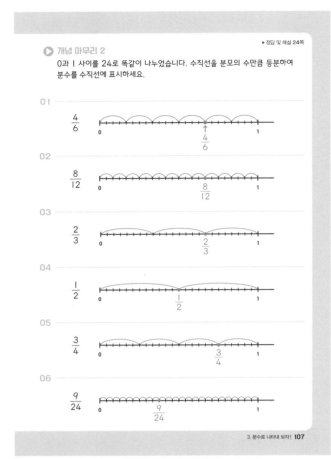

4 그림으로 이해하기

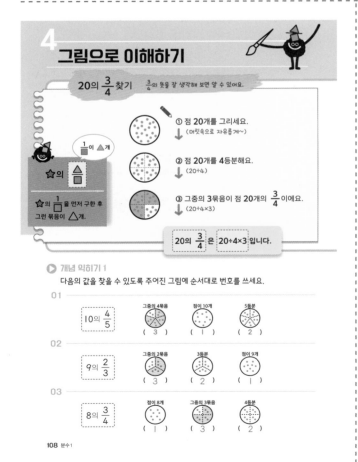

▶ 개념 익히기 1

다음의 값을 찾을 수 있도록 주어진 그림에 순서대로 번호를 쓰세요.

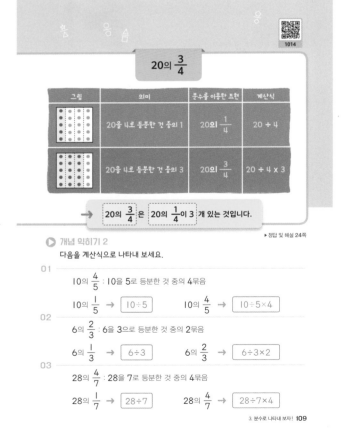

▶ 개념 익히기 2

다음을 계산식으로 나타내 보세요.

01

$10의 \frac{4}{5}$: 10을 5로 등분한 것 중의 4묶음

$10의 \frac{1}{5}$ → $\boxed{10 \div 5}$ $10의 \frac{4}{5}$ → $\boxed{10 \div 5 \times 4}$

02

$6의 \frac{2}{3}$: 6을 3으로 등분한 것 중의 2묶음

$6의 \frac{1}{3}$ → $\boxed{6 \div 3}$ $6의 \frac{2}{3}$ → $\boxed{6 \div 3 \times 2}$

03

$28의 \frac{4}{7}$: 28을 7로 등분한 것 중의 4묶음

$28의 \frac{1}{7}$ → $\boxed{28 \div 7}$ $28의 \frac{4}{7}$ → $\boxed{28 \div 7 \times 4}$

▶ 개념 다지기 1

그림을 알맞게 묶으세요.

(다르게 묶어도 묶인 묶음의 수가 같으면 정답입니다.)

01

$6의 \dfrac{2}{3}$ →

02

$8의 \dfrac{3}{4}$ →

03

$10의 \dfrac{3}{5}$ →

04

$12의 \dfrac{5}{6}$ →

05

$14의 \dfrac{3}{7}$ →

06

$20의 \dfrac{8}{10}$ →

110 분수1

▶ 개념 다지기 2

▶ 정답 및 해설 25쪽

맞는 그림에 ○표 하세요.

01

$16의 \dfrac{3}{8}$

02

$18의 \dfrac{2}{6}$

03

$30의 \dfrac{4}{5}$

04

$24의 \dfrac{3}{12}$

05

$20의 \dfrac{2}{4}$

06

$18의 \dfrac{5}{9}$

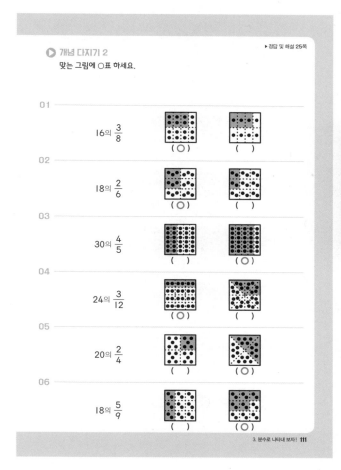

3. 분수로 나타내 보자! 111

▶ 개념 마무리 1

그림을 보고 분수를 이용한 표현으로 쓰세요.

01

→ $21의 \dfrac{2}{3}$

02

→ $15의 \dfrac{3}{5}$

03

→ $16의 \dfrac{5}{8}$

04

→ $14의 \dfrac{6}{7}$

05

→ $12의 \dfrac{1}{4}$

06

→ $18의 \dfrac{5}{6}$

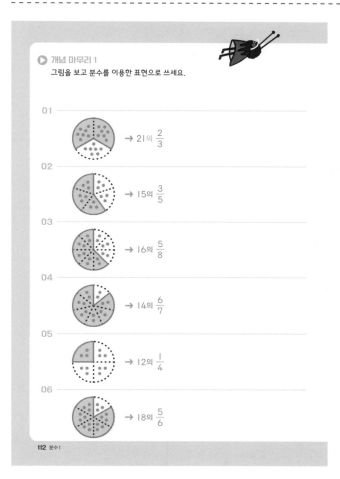

112 분수1

▶ 개념 마무리 2

▶ 정답 및 해설 25쪽

빈칸에 알맞은 식을 쓰세요.

01

$6의 \dfrac{2}{3}$는 $\boxed{6 \div 3 \times 2}$ 입니다.

02

$8의 \dfrac{3}{4}$은 $\boxed{8 \div 4 \times 3}$ 입니다.

03

$10의 \dfrac{3}{5}$은 $\boxed{10 \div 5 \times 3}$ 입니다.

04

$12의 \dfrac{5}{6}$는 $\boxed{12 \div 6 \times 5}$ 입니다.

05

$14의 \dfrac{3}{7}$은 $\boxed{14 \div 7 \times 3}$ 입니다.

06

$20의 \dfrac{9}{10}$는 $\boxed{20 \div 10 \times 9}$ 입니다.

3. 분수로 나타내 보자! 113

5 식으로 이해하기

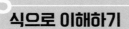

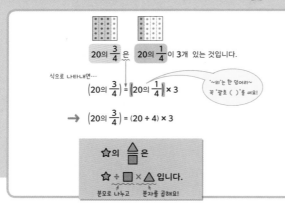

20의 $\frac{3}{4}$은 20의 $\frac{1}{4}$이 3개 있는 것입니다.

식으로 나타내면…

$\left(20\text{의 }\frac{3}{4}\right) = \left(20\text{의 }\frac{1}{4}\right) \times 3$

'~의'는 한 덩어리~ 꼭 '괄호 ( )'를 써요!

$\rightarrow \left(20\text{의 }\frac{3}{4}\right) = (20 \div 4) \times 3$

☆의 ⬡은

☆ ÷ □ × △ 입니다.

분모로 나누고 분자를 곱해요!

▶ **개념 익히기 1**

분수를 이용한 표현으로 빈칸을 채우세요.

01

16의 $\frac{2}{4}$는 $\boxed{16\text{의 }\frac{1}{4}}$이 2개 있는 것입니다.

02

18의 $\frac{4}{6}$는 $\boxed{18\text{의 }\frac{1}{6}}$이 4개 있는 것입니다.

03

32의 $\frac{7}{8}$은 $\boxed{32\text{의 }\frac{1}{8}}$이 7개 있는 것입니다.

114 분수1

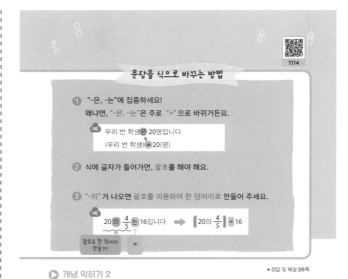

문장을 식으로 바꾸는 방법

1️⃣ "-은, -는"에 집중하세요!
왜냐면, "-은, -는"은 주로 "="으로 바뀌거든요.

예 우리 반 학생은 20명입니다.
(우리 반 학생) = 20(명)

2️⃣ 식에 글자가 들어가면, 괄호를 해야 해요.

3️⃣ "-의"가 나오면 괄호를 이용하여 한 덩어리로 만들어 주세요.

예 20의 $\frac{4}{5}$는 16입니다. ➡ $\left(20\text{의 }\frac{4}{5}\right) = 16$

괄호로 한 덩어리 만들기

▶ **개념 익히기 2**

▶ 정답 및 해설 26쪽

문장을 식으로 바꿀 때 등호(=)로 바뀌는 부분은 ○표 하고, 괄호가 필요한 부분에는 괄호 표시하세요.

01

$\left(16\text{의 }\frac{2}{4}\right) \ⓔ \left(16\text{의 }\frac{1}{4}\right)$이 2개 있는 것입니다.

02

$\left(18\text{의 }\frac{4}{6}\right) \ⓔ \left(18\text{의 }\frac{1}{6}\right)$이 4개 있는 것입니다.

03

$\left(32\text{의 }\frac{7}{8}\right) \ⓔ \left(32\text{의 }\frac{1}{8}\right)$이 7개 있는 것입니다.

3. 분수로 나타내 보자! 115

▶ **개념 다지기 1**

문장을 식으로 쓰세요.

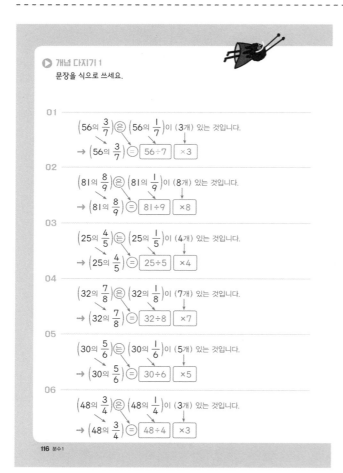

01

$\left(56\text{의 }\frac{3}{7}\right) \ⓔ \left(56\text{의 }\frac{1}{7}\right)$이 (3개) 있는 것입니다.

$\rightarrow \left(56\text{의 }\frac{3}{7}\right) \boxed{=} \boxed{56 \div 7} \boxed{\times 3}$

02

$\left(81\text{의 }\frac{8}{9}\right) \ⓔ \left(81\text{의 }\frac{1}{9}\right)$이 (8개) 있는 것입니다.

$\rightarrow \left(81\text{의 }\frac{8}{9}\right) \boxed{=} \boxed{81 \div 9} \boxed{\times 8}$

03

$\left(25\text{의 }\frac{4}{5}\right) \ⓔ \left(25\text{의 }\frac{1}{5}\right)$이 (4개) 있는 것입니다.

$\rightarrow \left(25\text{의 }\frac{4}{5}\right) \boxed{=} \boxed{25 \div 5} \boxed{\times 4}$

04

$\left(32\text{의 }\frac{7}{8}\right) \ⓔ \left(32\text{의 }\frac{1}{8}\right)$이 (7개) 있는 것입니다.

$\rightarrow \left(32\text{의 }\frac{7}{8}\right) \boxed{=} \boxed{32 \div 8} \boxed{\times 7}$

05

$\left(30\text{의 }\frac{5}{6}\right) \ⓔ \left(30\text{의 }\frac{1}{6}\right)$이 (5개) 있는 것입니다.

$\rightarrow \left(30\text{의 }\frac{5}{6}\right) \boxed{=} \boxed{30 \div 6} \boxed{\times 5}$

06

$\left(48\text{의 }\frac{3}{4}\right) \ⓔ \left(48\text{의 }\frac{1}{4}\right)$이 (3개) 있는 것입니다.

$\rightarrow \left(48\text{의 }\frac{3}{4}\right) \boxed{=} \boxed{48 \div 4} \boxed{\times 3}$

116 분수1

▶ **개념 다지기 2**

▶ 정답 및 해설 26쪽

빈칸을 알맞게 채우세요.

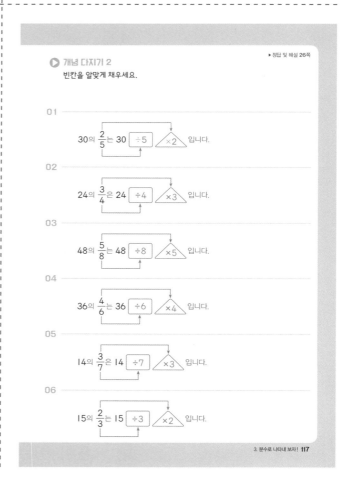

01

30의 $\frac{2}{5}$는 $30 \boxed{\div 5} \triangle{\times 2}$ 입니다.

02

24의 $\frac{3}{4}$은 $24 \boxed{\div 4} \triangle{\times 3}$ 입니다.

03

48의 $\frac{5}{8}$는 $48 \boxed{\div 8} \triangle{\times 5}$ 입니다.

04

36의 $\frac{4}{6}$는 $36 \boxed{\div 6} \triangle{\times 4}$ 입니다.

05

14의 $\frac{3}{7}$은 $14 \boxed{\div 7} \triangle{\times 3}$ 입니다.

06

15의 $\frac{2}{3}$는 $15 \boxed{\div 3} \triangle{\times 2}$ 입니다.

3. 분수로 나타내 보자! 117

▶ 개념 마무리 1

빈칸에 알맞은 수를 쓰세요.

01

$$\left(10의 \frac{3}{5}\right)은 \boxed{6} 입니다.$$
$$10 \div 5 \times 3$$

02

$$\left(14의 \frac{5}{7}\right)은 \boxed{10} 입니다.$$
$$14 \div 7 \times 5$$

03

$$\left(30의 \frac{2}{3}\right)는 \boxed{20} 입니다.$$
$$30 \div 3 \times 2$$

04

$$\left(40의 \frac{2}{5}\right)는 \boxed{16} 입니다.$$
$$40 \div 5 \times 2$$

05

$$\left(36의 \frac{4}{9}\right)는 \boxed{16} 입니다.$$
$$36 \div 9 \times 4$$

06

$$\left(32의 \frac{3}{4}\right)은 \boxed{24} 입니다.$$
$$32 \div 4 \times 3$$

▶ 개념 마무리 2

빈칸에 알맞은 수를 쓰세요.

01

$$12의 \frac{2}{3}는 \boxed{8} 입니다.$$

02

$$20의 \frac{3}{4}은 \boxed{15} 입니다.$$

03

$$24의 \frac{5}{6}는 \boxed{20} 입니다.$$

04

$$18의 \frac{7}{9}은 \boxed{14} 입니다.$$

05

$$21의 \frac{4}{7}는 \boxed{12} 입니다.$$

06

$$64의 \frac{5}{8}는 \boxed{40} 입니다.$$

---

6 분수라는 것

$$4의 \frac{1}{2}은 2입니다.$$

$$그러나 100의 \frac{1}{2}은 50이지요.$$

$$이렇게, 같은 \frac{1}{2}이라도 어떤 수의 \frac{1}{2}이냐에 따라 값이 달라집니다.$$

예
$$우리 반 학생의 \frac{1}{2}을 집으로 초대했어요.$$

$$우리 학교 학생의 \frac{1}{2}을 집으로 초대했어요.$$

비슷해 보이지만,
이 둘은 어마어마하게
다른 거죠!

따라서 분수가 나오면 반드시! 반드시!! 반드시!!!
어떤 수에 대한, 또는 무엇에 대한 분수인지를 생각해야 해요~

▶ 개념 익히기 1

가리키는 부분을 그림에 표시하세요.

01

$$배추밭의 \frac{1}{2} \rightarrow$$
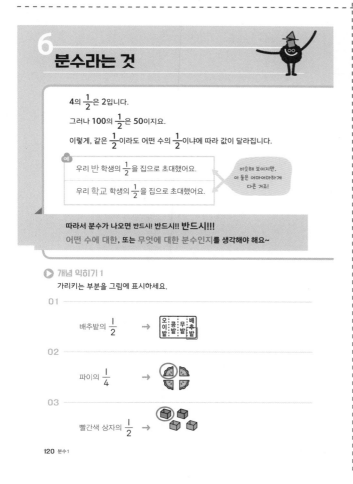

02

$$파이의 \frac{1}{4} \rightarrow$$

03

$$빨간색 상자의 \frac{1}{2} \rightarrow$$

분수라는 것은요~

"오늘은 $\frac{1}{2}$만큼을 먹어서 배가 불러."

실생활에서도 이렇게 말을 하면, 알아들을 수가 없어요.

무엇의 $\frac{1}{2}$을 먹었는지 모르기 때문이에요.

그래서 밥통의 $\frac{1}{2}$을 먹었는지, 밥그릇의 $\frac{1}{2}$을 먹었는지

반드시 써주어야 해요.

▶ 개념 익히기 2

그림을 보고, 물음에 답하세요.

01

$$학급문고의 \frac{1}{2}은 몇 권입니까? \; 80권$$

$$학급문고에 있는 수학책의 \frac{1}{2}은 몇 권입니까? \; 20권$$

〈학급문고〉
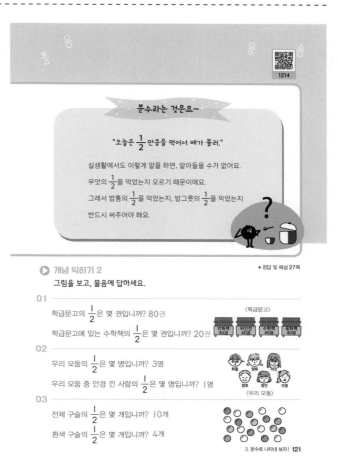

02

$$우리 모둠의 \frac{1}{2}은 몇 명입니까? \; 3명$$

$$우리 모둠 중 안경 낀 사람의 \frac{1}{2}은 몇 명입니까? \; 1명$$

〈우리 모둠〉

03

$$전체 구슬의 \frac{1}{2}은 몇 개입니까? \; 10개$$

$$흰색 구슬의 \frac{1}{2}은 몇 개입니까? \; 4개$$

개념 다지기 1

왼쪽 그림은 물건의 개수를 나타낸 것입니다.
식을 쓰고 계산해 보세요.

01

10개 20개

전체 과일의 $\frac{2}{3}$는 몇 개일까요?

식: $(10+20) \div 3 \times 2 = 20$ 답: 20 개

02

12개 20개

머핀의 $\frac{5}{6}$는 몇 개일까요?

식: $12 \div 6 \times 5 = 10$ 답: 10 개

03

24개 16개

전체 사과의 $\frac{3}{4}$은 몇 개일까요?

식: $(24+16) \div 4 \times 3 = 30$ 답: 30 개

04

12장 24장

빨간 색종이의 $\frac{2}{3}$는 몇 장일까요?

식: $24 \div 3 \times 2 = 16$ 답: 16 장

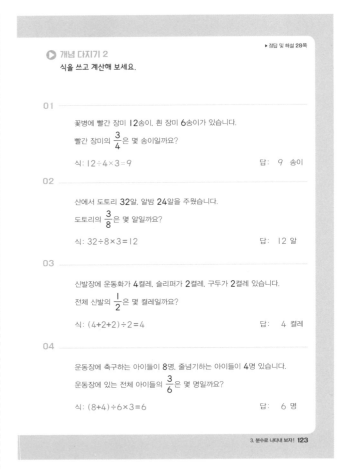

개념 다지기 2

식을 쓰고 계산해 보세요.

01

꽃병에 빨간 장미 12송이, 흰 장미 6송이가 있습니다.
빨간 장미의 $\frac{3}{4}$은 몇 송이일까요?

식: $12 \div 4 \times 3 = 9$ 답: 9 송이

02

산에서 도토리 32알, 알밤 24알을 주웠습니다.
도토리의 $\frac{3}{8}$은 몇 알일까요?

식: $32 \div 8 \times 3 = 12$ 답: 12 알

03

신발장에 운동화가 4켤레, 슬리퍼가 2켤레, 구두가 2켤레 있습니다.
전체 신발의 $\frac{1}{2}$은 몇 켤레일까요?

식: $(4+2+2) \div 2 = 4$ 답: 4 켤레

04

운동장에 축구하는 아이들이 8명, 줄넘기하는 아이들이 4명 있습니다.
운동장에 있는 전체 아이들의 $\frac{3}{6}$은 몇 명일까요?

식: $(8+4) \div 6 \times 3 = 6$ 답: 6 명

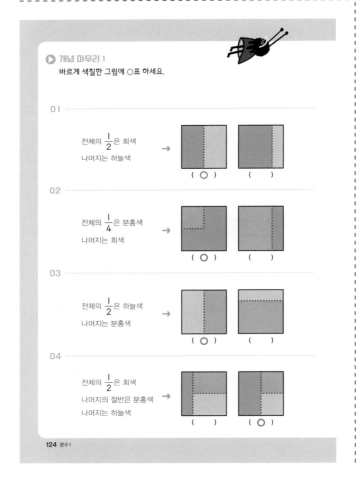

개념 마무리 1

바르게 색칠한 그림에 ○표 하세요.

01

전체의 $\frac{1}{2}$은 회색
나머지는 하늘색

(○)   ( )

02

전체의 $\frac{1}{4}$은 분홍색
나머지는 회색

(○)   ( )

03

전체의 $\frac{1}{2}$은 하늘색
나머지는 분홍색

(○)   ( )

04

전체의 $\frac{1}{2}$은 회색
나머지의 절반은 분홍색
나머지는 하늘색

( )   (○)

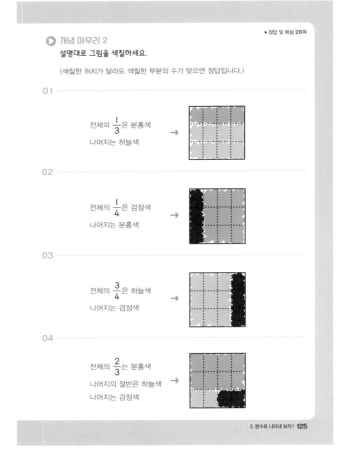

개념 마무리 2

설명대로 그림을 색칠하세요.

(색칠한 위치가 달라도 색칠한 부분의 수가 맞으면 정답입니다.)

01

전체의 $\frac{1}{3}$은 분홍색
나머지는 하늘색

02

전체의 $\frac{1}{4}$은 검정색
나머지는 분홍색

03

전체의 $\frac{3}{4}$은 하늘색
나머지는 검정색

04

전체의 $\frac{2}{3}$는 분홍색
나머지의 절반은 하늘색
나머지는 검정색

7 나머지에 대한 분수

분수가 나오면 반드시 '무엇에 대한 분수'인지를 확인해야 한다고 했죠?
그래서 나머지에 대한 분수라면 나머지를 먼저 찾아야 해요.

퀴즈 ? 피자 8조각의 $\frac{1}{4}$은 내가 먹고, 남은 피자의 $\frac{1}{2}$은 동생이 먹었습니다.
동생이 먹은 피자는 몇 조각일까요?

아하 ! ❶ 나머지부터 찾아요!

▶ 먹고 남은 피자의 조각 수:
(전체 조각의 수) - (먹은 조각의 수) = 8 - 2 = 6 (조각)

❷ 나머지에 대한 분수를 계산해요!

▶ (남은 피자의 $\frac{1}{2}$) = (6의 $\frac{1}{2}$) = 6 ÷ 2 = 3 (조각)

▶ 개념 익히기 1

빈칸을 알맞게 채우세요.

01
구슬 100개 중에서 $\frac{1}{4}$을 동생에게 주었습니다.
→ 동생에게 준 구슬: 25 개
→ 남은 구슬: 75 개

02
180쪽까지 있는 책의 $\frac{2}{3}$를 읽었습니다.
→ 읽은 쪽수: 120 쪽
→ 남은 쪽수: 60 쪽

03
전체 1200 m의 거리에서, 전체 거리의 $\frac{5}{6}$만큼 갔습니다.
→ 간 거리: 1000 m
→ 남은 거리: 200 m

126 분수1

1314

나머지에 대한 분수를 그림으로 해결하기

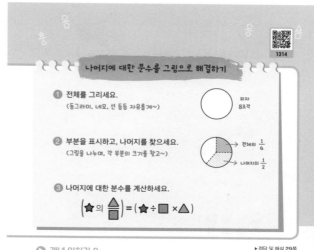

❶ 전체를 그리세요.
(동그라미, 네모, 선 등등 자유롭게~)
피자
8조각

❷ 부분을 표시하고, 나머지를 찾으세요.
(그림을 나누며, 각 부분의 크기를 찾고~)
→ 전체의 $\frac{1}{4}$
→ 나머지의 $\frac{1}{2}$

❸ 나머지에 대한 분수를 계산하세요.

$$\left(★의 \frac{◻}{◻}\right) = (★÷◻×△)$$

▶ 개념 익히기 2
▶ 정답 및 해설 29쪽

문장을 보고 그림에 알맞은 수를 써넣으세요.

01
전체 120명 중에 $\frac{2}{3}$가 남학생, 나머지는 여학생
→ 전체: 120 명
남학생: 80 명 여학생: 40 명

02
음료수 200병 중에 $\frac{2}{5}$가 콜라, 나머지는 사이다
→ 전체: 200 병
콜라: 80 병 사이다: 120 병

03
물고기 32마리 중에 $\frac{5}{8}$가 금붕어, 나머지는 열대어
→ 전체: 32 마리
금붕어: 20 마리 열대어: 12 마리

3. 분수로 나타내 보자! 127

▶ 개념 다지기 1

물음에 답하세요.

01
150쪽까지 있는 동화책의 $\frac{1}{2}$을 읽었습니다.
남은 쪽수의 $\frac{1}{5}$을 더 읽으려고 한다면 몇 쪽을 더 읽어야 할까요? 15쪽
남은 쪽수 : 150-(150÷2)=75
더 읽을 쪽수 : 75÷5=15

02
의상실에 옷이 100벌 있습니다.
그중 $\frac{1}{2}$이 바지이고, 바지의 $\frac{1}{2}$은 주머니가 없습니다.
주머니가 없는 바지는 몇 벌일까요? 25벌
바지 : 100÷2=50
주머니가 없는 바지 : 50÷2=25

03
우리 학교의 전체 학생은 560명입니다.
그중의 260명이 여학생일 때,
남학생의 $\frac{1}{3}$은 몇 명일까요? 100명
남학생 : 560-260=300
남학생의 $\frac{1}{3}$: 300÷3=100

04
과수원에 나무가 80그루 있고, 그중의 절반은 사과나무입니다.
사과나무의 절반은 초록색 사과가 열리는 나무일 때,
초록색 사과가 열리는 나무는 몇 그루일까요? 20그루
사과나무 : 80÷2=40
초록색 사과나무 : 40÷2=20

128 분수1

▶ 개념 다지기 2
▶ 정답 및 해설 29쪽

그림을 보고 물음에 답하세요.

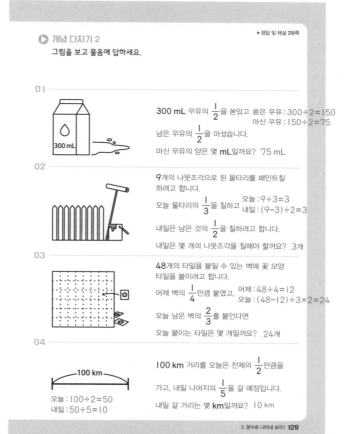

01
300 mL 우유의 $\frac{1}{2}$을 쏟았고 쏟은 우유 : 300÷2=150
남은 우유의 $\frac{1}{2}$을 마셨습니다. 마신 우유 : 150÷2=75
마신 우유의 양은 몇 mL일까요? 75 mL

02
9개의 나뭇조각으로 된 울타리를 페인트칠 하려고 합니다.
오늘 울타리의 $\frac{1}{3}$을 칠하고 오늘 : 9÷3=3
내일은 남은 것의 $\frac{1}{2}$을 칠하려고 합니다. 내일 : (9-3)÷2=3
내일은 몇 개의 나뭇조각을 칠해야 할까요? 3개

03
48개의 타일을 붙일 수 있는 벽에 꽃 모양 타일을 붙이려고 합니다.
어제 벽의 $\frac{1}{4}$만큼 붙였고, 어제 : 48÷4=12
오늘 남은 벽의 $\frac{2}{3}$를 붙인다면 오늘 : (48-12)÷3×2=24
오늘 붙이는 타일은 몇 개일까요? 24개

04
100 km 거리를 오늘은 전체의 $\frac{1}{2}$만큼을
가고, 내일 나머지의 $\frac{1}{5}$을 갈 예정입니다.
내일 갈 거리는 몇 km일까요? 10 km
오늘 : 100÷2=50
내일 : 50÷5=10

3. 분수로 나타내 보자! 129

그림을 보고 물음에 답하세요.

01
노랑새 3마리, 파랑새 3마리, 빨강새 3마리, 모두 9마리의 새 중에서 파랑새 2마리에게만 이름을 지어주었습니다.

이름이 있는 새는 전체의 몇 분의 몇입니까? $\frac{2}{9}$
이름이 있는 새는 파랑새의 몇 분의 몇입니까? $\frac{2}{3}$

02
마카롱 한 상자를 선물 받았습니다.
딸기맛 4개, 녹차맛 4개, 초코맛 4개로 모두 12개 중에서 딸기맛 마카롱만 2개 먹었습니다.

먹은 마카롱은 전체 마카롱 중의 몇 분의 몇입니까? $\frac{2}{12}$
먹은 마카롱은 딸기맛 마카롱 중의 몇 분의 몇입니까? $\frac{2}{4}$

03
참치김밥 4줄, 야채김밥 1줄, 치즈김밥 1줄, 모두 6줄의 김밥 중 참치김밥만 2줄 먹었습니다.
치즈 →
야채 →
합치 →

먹은 김밥은 전체 김밥의 몇 분의 몇입니까? $\frac{2}{6}$
먹은 김밥은 참치김밥의 몇 분의 몇입니까? $\frac{2}{4}$

04
생일파티를 준비 중입니다.

글씨가 적힌 풍선은 전체 풍선의 몇 분의 몇입니까? → $\frac{6}{9}$
빨간 풍선 중 글씨가 적힌 풍선은 몇 분의 몇입니까? $\frac{2}{3}$

그림을 보고 물음에 답하세요.

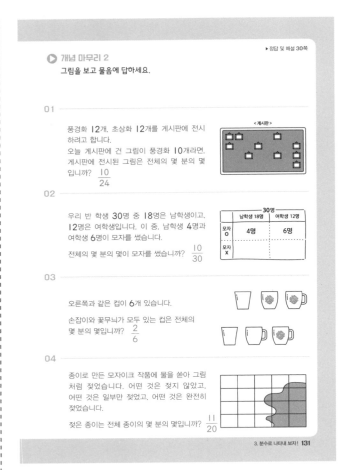

01
풍경화 12개, 초상화 12개를 게시판에 전시하려고 합니다.
오늘 게시판에 건 그림이 풍경화 10개라면, 게시판에 전시된 그림은 전체의 몇 분의 몇입니까? $\frac{10}{24}$

< 게시판 >

02
우리 반 학생 30명 중 18명은 남학생이고, 12명은 여학생입니다. 이 중, 남학생 4명과 여학생 6명이 모자를 썼습니다.

전체의 몇 분의 몇이 모자를 썼습니까? $\frac{10}{30}$

30명	남학생 18명	여학생 12명
모자 O	4명	6명
모자 X		

03
오른쪽과 같은 컵이 6개 있습니다.

손잡이와 꽃무늬가 모두 있는 컵은 전체의 몇 분의 몇입니까? $\frac{2}{6}$

04
종이로 만든 모자이크 작품에 물을 쏟아 그림처럼 젖었습니다. 어떤 것은 젖지 않았고, 어떤 것은 일부만 젖었고, 어떤 것은 완전히 젖었습니다.

젖은 종이는 전체 종이의 몇 분의 몇입니까? $\frac{11}{20}$

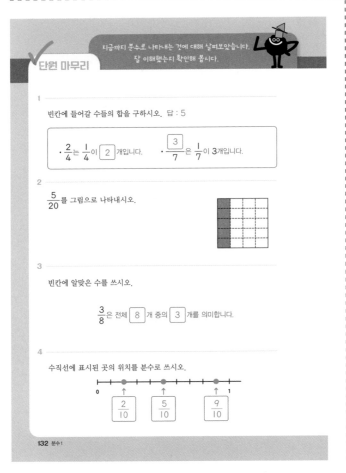

✓ 단원 마무리

지금까지 분수로 나타내는 것에 대해 살펴보았습니다.
잘 이해했는지 확인해 봅시다.

1
빈칸에 들어갈 수들의 합을 구하시오. 답 : 5

· $\frac{2}{4}$ 는 $\frac{1}{4}$ 이 $\boxed{2}$ 개입니다.   · $\frac{3}{7}$ 은 $\frac{1}{7}$ 이 3개입니다.

2
$\frac{5}{20}$ 를 그림으로 나타내시오.

3
빈칸에 알맞은 수를 쓰시오.

$\frac{3}{8}$ 은 전체 $\boxed{8}$ 개 중의 $\boxed{3}$ 개를 의미합니다.

4
수직선에 표시된 곳의 위치를 분수로 쓰시오.

0 ────────────── 1

$\boxed{\frac{2}{10}}$ $\boxed{\frac{5}{10}}$ $\boxed{\frac{9}{10}}$

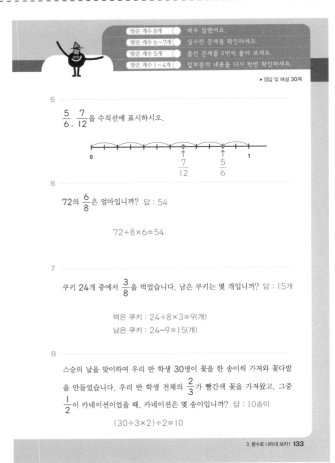

맞은 개수 8개	매우 잘했어요.
맞은 개수 6~7개	실수한 문제를 확인하세요.
맞은 개수 5개	틀린 문제를 2번씩 풀어 보세요.
맞은 개수 1~4개	앞부분의 내용을 다시 한번 확인하세요.

5
$\frac{5}{6}$, $\frac{7}{12}$ 을 수직선에 표시하시오.

0 ────────────── 1
$\frac{7}{12}$ $\frac{5}{6}$

6
72의 $\frac{6}{8}$ 은 얼마입니까? 답 : 54

$72÷8×6=54$

7
쿠키 24개 중에서 $\frac{3}{8}$ 을 먹었습니다. 남은 쿠키는 몇 개입니까? 답 : 15개

먹은 쿠키 : $24÷8×3=9$(개)
남은 쿠키 : $24-9=15$(개)

8
스승의 날을 맞이하여 우리 반 학생 30명이 꽃을 한 송이씩 가져와 꽃다발을 만들었습니다. 우리 반 학생 전체의 $\frac{2}{3}$ 가 빨간색 꽃을 가져왔고, 그중 $\frac{1}{2}$ 이 카네이션이었을 때, 카네이션은 몇 송이입니까? 답 : 10송이

$(30÷3×2)÷2=10$

※134쪽 〈서술형으로 확인〉의 답은 정답 및 해설 31쪽에서 확인하세요.

1. 분수! 너 도대체 뭐야?

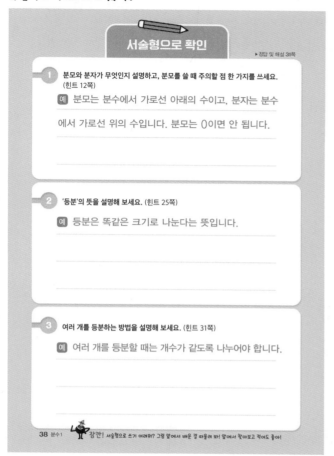

서술형으로 확인
▶ 정답 및 해설 31쪽

1 분모와 분자가 무엇인지 설명하고, 분모를 쓸 때 주의할 점 한 가지를 쓰세요. (힌트 12쪽)

[예] 분모는 분수에서 가로선 아래의 수이고, 분자는 분수에서 가로선 위의 수입니다. 분모는 0이면 안 됩니다.

2 '등분'의 뜻을 설명해 보세요. (힌트 25쪽)

[예] 등분은 똑같은 크기로 나눈다는 뜻입니다.

3 여러 개를 등분하는 방법을 설명해 보세요. (힌트 31쪽)

[예] 여러 개를 등분할 때는 개수가 같도록 나누어야 합니다.

38 분수1 · 잠깐! 서술형으로 쓰기 어려워? 그럼 앞에서 배운 걸 떠올려 봐! 앞에서 찾아보고 적어도 좋아!

2. 한 조각? 단위분수!

서술형으로 확인
▶ 정답 및 해설 31쪽

1 $\frac{1}{3}$ 이 어떤 분수인지 설명해 보세요. (힌트 43쪽)

[예] 3으로 등분한 것 중의 1입니다.

2 '단위분수'는 어떤 분수를 의미하는지 설명해 보세요. (힌트 43쪽)

[예] $\frac{1}{2}$, $\frac{1}{3}$, $\frac{1}{4}$, … 과 같은 분수입니다.

[예] 몇으로 나눈 것 중의 1로 분자가 1인 분수입니다.

3 단위분수끼리 크기를 비교하는 방법을 설명해 보세요. (힌트 78쪽)

[예] 단위분수는 분모가 작을수록 큰 분수입니다.

86 분수1 · 잠깐! 서술형으로 쓰기 어려워? 그럼 앞에서 배운 걸 떠올려 봐! 앞에서 찾아보고 적어도 좋아!

3. 분수로 나타내 보자!

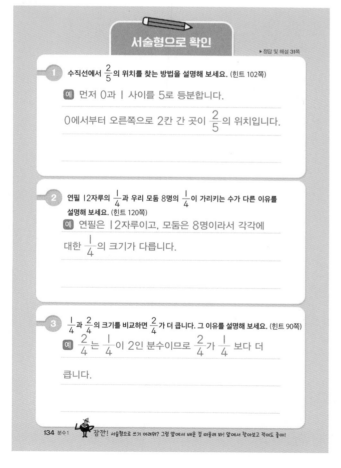

서술형으로 확인
▶ 정답 및 해설 31쪽

1 수직선에서 $\frac{2}{5}$ 의 위치를 찾는 방법을 설명해 보세요. (힌트 102쪽)

[예] 먼저 0과 1 사이를 5로 등분합니다.
0에서부터 오른쪽으로 2칸 간 곳이 $\frac{2}{5}$ 의 위치입니다.

2 연필 12자루의 $\frac{1}{4}$ 과 우리 모둠 8명의 $\frac{1}{4}$ 이 가리키는 수가 다른 이유를 설명해 보세요. (힌트 120쪽)

[예] 연필은 12자루이고, 모둠은 8명이라서 각각에 대한 $\frac{1}{4}$ 의 크기가 다릅니다.

3 $\frac{1}{4}$ 과 $\frac{2}{4}$ 의 크기를 비교하면 $\frac{2}{4}$ 가 더 큽니다. 그 이유를 설명해 보세요. (힌트 90쪽)

[예] $\frac{2}{4}$ 는 $\frac{1}{4}$ 이 2인 분수이므로 $\frac{2}{4}$ 가 $\frac{1}{4}$ 보다 더 큽니다.

134 분수1 · 잠깐! 서술형으로 쓰기 어려워? 그럼 앞에서 배운 걸 떠올려 봐! 앞에서 찾아보고 적어도 좋아!

MEMO

초등 분수

개념이 먼저다

수학의 재미를 발견하다!

이제 키출판사 **수학 시리즈**로 확실하게 **개념** 잡고, **수학** 잡으세요!

매스버스

키출판사 수학 교육 사이트
www.mathbus.co.kr

혼자서 힘들 때는 선생님과 함께!

매스버스는 키출판사가 직접 운영하는 수학 교육 사이트로 수학 교재 소개와 무료 수학 강의, 다양한 학습 콘텐츠를 제공하고 있습니다. 매스버스에서 제공하는 강의와 학습 자료는 학습자가 혼자서도 공부할 수 있도록 쉽고 재미있게 구성되어 있어 자기 주도 학습 습관을 길러줍니다.

매스버스 나도 선생님!
디지털 수업 최적화

책 속 영상 강의를 똑같이 따라해 볼 수 있어요.

❶ 강의 보기

선생님의 자세한 강의를 보면서 공부한 다음에

❷ 직접 설명해보기

이번엔 내가 움직이는 화면을 보면서 직접 설명해요!

● 선생님처럼 멋지게 설명하면서 놀이처럼 재미있게 복습할 수 있는 학습 콘텐츠입니다.

● 선생님 회원에게는 선생님 전용 PPT 자료를 제공해 드립니다.

권별 학습 내용

	내용	교과 연계	권장학년
1권	* 분수의 뜻 * 단위분수 * 분수로 나타내기	3학년 1학기 <분수와 소수>	3, 4학년
2권	* 자연수와 분수 * 진분수, 가분수, 대분수 * 분모가 같은 분수의 덧셈과 뺄셈	3학년 2학기 <분수> 4학년 2학기 <분수의 덧셈과 뺄셈>	3, 4학년
3권	* 크기가 같은 분수 * 자연수의 약수와 배수 * 약분과 통분	5학년 1학기 <약수와 배수> 5학년 1학기 <약분과 통분>	5, 6학년
4권	* 분모가 다른 분수의 덧셈과 뺄셈 * 분수의 곱셈 * 분수의 나눗셈	5학년 1학기 <분수의 덧셈과 뺄셈> 5학년 2학기 <분수의 곱셈> 6학년 1학기 <분수의 나눗셈> 6학년 2학기 <분수의 나눗셈>	5, 6학년

64410

ISBN 979-11-89719-57-9 (64410)
ISBN 979-11-89719-56-2 (세트)
정가 11,000원

9 791189 719579